ハワイの風に吹かれて生きてきた クム・フラの愛の言葉

「前に進みたい」
そう願うからこそ
私たちは悩み続けます

つらく苦しいときも

フラの教えとハワイの風は

私たちを前に導いてくれる

イムア！
今日よりも前へ進むために
あなたに贈る言葉です

ウソのない あなたで 生きて

ハワイの85歳 クム・フラ愛の言葉

Kumu Hula

The Language of LOVE

著 パティ・ケアロハラニ・ライト
訳 狩野玲子

辰巳出版

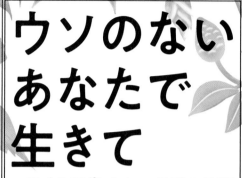

はじめに

～自分らしく生きられないと思っているあなたへ

アロハ・カーコウ！
みなさん、こんにちは！

私は、**パティ・ケアロハラニ・ライト**。ハワイ州オアフ島のカイルアの自宅でフラスタジオを主宰している、フラダンスの先生です。**私のことは「クム・ケア」と呼んでください**。フラの先生としての私の名前です。

この本を手にとってくださったということは、あなたはいま「自分らしさ」について悩みを抱えているのでしょうか。あるいは、自分が何に悩んでいるかも正直わからない……という方もいるかもしれません。

輝くってどういうことかしら。
どうしたら自分が輝けるのかしら。

一番輝いている自分って、いつ、何をしているときかしら。
どんな風に生きたら輝けるのかしら。

思い悩むみなさんに、私はいつもこう話します。

「輝くというのは、自分らしく生きること。
人が自分らしく生きるとき、人は輝く。
私は、そう信じて生きてきました」

私と一緒に暮らしている家族は、最愛の夫のラスティ・ライトと犬と猫です。息子が三人、孫が五人います。最近ひ孫が生まれたところです。そう。私は、85歳のおばあちゃんなのです。

私のフラスタジオには、ハワイ在住のアメリカ人の生徒さんはもちろん、日本からも大勢の女性がフラの勉強に訪れています。最近では、私のホームページを見たフラ愛好家のみなさんが世界中から訪ねてきてくれます。なんという幸せ！ フラが世界に広まることは、私のこの上ない喜びです。

私が、フラを始めたのは、34歳のとき。ハワイには、フラの先生の家系に生まれてきて、生まれたときからフラを踊っているという「クム・フラ（＝フラダンスの先生の先生）」が大勢います。その中で、アメリカ本土から来た私が、フラに出会い、伝統フラの師のもとで修業をし、ウニキ・クム・フラ（＝フラダンスの正統継承者）の称号を与えられました。いま、私の学びと気づきを後世に伝える仕事をしているというのは、奇跡に近いこと。私が出会ったすべての人々、私が与えられた全てのチャンスに、心から感謝して過ごしています。

誰にも言えない悩みは人生の「重い荷物」になる

私が生きてきた85年間を振り返ると、現在のように毎日大声で笑って過ごせるときばかりではありませんでした。自分の前に長い真っ暗なトンネルがあって、先の光が一筋も見えないように感じる日々もありました。

特に、こども三人を抱えて離婚した頃は、「私は、この先どうなってしまうのだろう」と、将来への不安を抱える苦悩の時期でした。

85年生きてきて、毎日笑顔でフラを踊っている私にも、そんなつらい思い出があります。私よりずっと年下のみなさんの人生にも、いろいろなことことがあって当たり前ですね。

誰にも言えずに悶々と悩みを抱えている人もいることでしょう。すると、「悩み」という荷物は、恐ろしく重くなります。そしてある日、もう立てない自分に気づくことがあります。

そんなときは、肩から荷物をおろして、私と一緒にフラを踊ったり、おしゃべりしたりできればいいですね。愚痴も大歓迎です。とはいえ、読者のみなさんのほとんどが日本に住んでいらっしゃいます。なので、こうして一冊の本を通して、みなさんに出会えたらいいなと思い筆を取りました。

85歳の私が受けたみなさんの「お悩み相談」

何年か前の木曜日の夜のクラスのあと、私は数人の生徒さんと「Ｗｉｎｅ《ワイン》＆《アンド》Ｗｈｉｎｅ《ホワイン》」という時間を持っていました。Ｗｈｉｎｅ《ホワイン》という言葉には「ぶつぶつ愚痴をいう」という意味があり、発音はＷｉｎｅ《ワイン》とよく似ています。ワインとホワイン。ワインを飲みながら、愚痴を言い合う会。生徒さんたちが抱えている人生の悩みや問題を、じっくりと語り合う時間でした。

そこにいたのはみんな女性でしたから、やはり恋愛、人間関係についての悩みが多かったです。ときには私の夫のラスティが、男性の気持ちの説明なんかをしました。お開きの頃には、プルメリアの香りに包まれた心地よいハワイの風に吹かれながら、悩んでいたみんなが笑っている。

そんな会を続けていたら、ひとりひとりが自分なりの幸せを見つけられるように変化していきました。素晴らしい方向に変わっていく彼女たちの姿を見て、私は会の名前を変えました。「Ｗｉｎｅ《ワイン》 ＆《アンド》 Ｓｈｉｎｅ《シャイン》――ワインを飲みながら、みんなが輝く会」としたのです。


大切なのは、くよくよしないこと。

一人ぼっちで悩まないこと。


フラを踊るとき、一番大切なことは何か、知っていますか。

それは、ハワイ語で「ミノアカ」。つまり、スマイル、笑顔のことです。

ハワイアンの音楽に心をゆだね、体を動かし、スマイルしてごらんなさい。

きっと、不思議なエネルギーが体内に湧き上がるのを、あなたも感じることと思います。


私は、みなさんの「自分探しの旅」のお手伝いをしたい。

その先にあるのは、アロハに満ちた輝く日々であることを約束します。

パティ・ケアロハラニ・ライト

010 はじめに

自分らしく生きられないと思っているあなたへ

第1章

人を愛するこころ

019

「人を好きになる」ってどんな気持ちですか？
恋愛に興味がないって変ですか？
モラルハラスメントをする恋人と別れられない
どう吹っ切ればいい？　忘れられない恋人
浮気を許せない私は心が狭い人間ですか？
女性の価値は「若さ」だけなのか
不倫の恋に「幸せ」はありますか？
女性の心と体のまま女性を愛したい
年老いてからの恋は恥ずかしいことですか？

第1章

人を愛するこころ

「人を好きになる」ってどんな気持ちですか？

30代の独身女性です。10代から20代の間、恋愛に対する漠然《ばくぜん》とした憧れを抱いたまま過ごしてきました。少女漫画や恋愛ドラマを見ると「こんな恋愛が、いつか私にもできるのだろうか」と期待してしまいます。友人たちの「のろけ話」を聞いて、うらやましさを感じることもあります。

恋をしたら、こんな会話をして、あんなデートをして……。空想ばかりはかどります。でも、クム・ケア、私には、どうしても「好きな人」ができないのです。

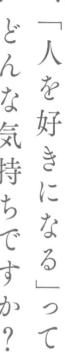

男性と出会う機会がないわけではありません。昔馴染みの男友達もいるし、職場で男性の同僚や上司とも仲良くやっているつもりです。でも、キュンとして心が弾んだり、相手を自分のものにしたいと思ったり、という気持ちが湧きません。

このまま恋も結婚もできずに年齢を重ねていくのかと思うと少し不安ですし、親に申し訳ないとも感じます。先生、「人を好きになる」とは、どういう気持ちなのでしょうか。
——30代女性・マナカ

ときには「自分に与えられたもの」を見て！

将来、どんな人に出会って交際して、どんな会話をして、どんな風に愛されるのかしら？　と夢見るのは、健全なことですね。どんな女の子にも、プリンスチャーミング（白馬の王子様）を待っている時期があります。

しかし、好きな人に出会って結婚しても、上手くいかないこともあります。私の一度目の結婚がそうでした。恋と結婚の先にいつも「永遠に、幸せに暮らしました」というエンディングがあるとは限らないのです。

現在の夫・ラスティに出会ったとき、私は離婚して三人のこどもを抱えたシングルマザー。彼よりずっと年上でした。彼は一度も結婚したことがありません。まさか私が、彼の妻になるなんて夢にも思いませんでした。

それでも、愛と信頼でいっぱいの幸せな関係になれたのですから、マナカさん、どんな出会いがあるかは、まだまだわかりませんよ。

人をうらやむ気持ちは、他人が持っている物を自分も欲しいなと漠然と思う心。友人や同僚の見た目の美しさや、恋人とのロマンチックな関係、地位や権力、また家や車や宝石など物的なものやライフスタイルなど、自分にもあったらいいなあと願う心です。

でも、ときには、自分に与えられているものだけを見てください。きっと、人生の中でたくさん感謝できることに出会っていると気づくでしょう。神様がしてくれた人生のアレンジメントに感謝できれば、他人をうらやむことなく、幸せでいられます。

自分に贈る「アイ・ラブ・ユー」

「感謝日記」をつけてごらんなさい。毎日五つの感謝することを書き留めます。つらいときでも、とにかく五つ見つけます。続けていくと感謝することが習慣になり、とても気持ちが楽になり、人をうらやむ心は消えていきます。

私は、毎晩、私の体に感謝します。

私の強い脚、ありがとう。
生まれた時から絶え間なく動いている私の心臓、ありがとう。
私の肺、私の手、頭、ありがとう。

髪をとかしてメイクをするとき、鏡の中の自分に言ってください。

「アイ・ラブ・ユー。あなたが大好き」

きっとあなたなりの幸せが見つかります。

恋愛に興味がないって変ですか？

クム・ケア、日本には「肉食系女子」という言葉があります。恋愛に積極的な女性や、気になる異性にどんどん声を掛ける女性のことをそんな風に呼びますが、私はどうしても彼女たちのようになれません。

「彼氏がほしい！」とか「結婚したい！」と、友達は言います。彼女たちに誘われて、私も合コンやマッチングアプリなどに手を出してみるのですが、なんだか積極的になれないのです。

私は、週に一回習っているフラの教室が楽しいです。レッスンのない日でも、フラの曲や発表会での衣装のことを考えたり、休みの日にフラのステージを見に行ったりすることで、頭がいっぱい。それが幸せです。それに、仕事もやりがいがあります。家族や友達にも恵まれていると思います。

もしかしたら、私は「恋愛」をしなくても楽しく生きていけるのかもしれません。でも、みんなと違って恋に積極的になれない自分に、どこか焦りのような気持ちを覚えてしまいます。

――20代女性・アユミさん

女性に捨ててほしい「こうあるべき」のものさし

どうしてなのかしら？ 女性はいつも、ありのままの自分でいることに恐怖心を持つみたいです。それは、女性特有の「人を喜ばせたい病」のせいかしら。自然に「こうあるべき」というスタンダードというか「ものさし」を作ってしまうのです。そして、自分に魅力があるとか無いとか判断しては悩んでしまうのです。そんな「ものさし」自体がまやかしであり、全くの嘘ですよ。女性はみんな、アクア、女神なの！

考えてみてください。私たちは、命を作り出し、新たな人間をこの世に生み出すことができるのです。それは、奇跡的なこと。だから、女性は女神だと思うのです。

女性は、「私」や「私のもの」というより、「私たち」や「私たちのもの」を大切にします。協力することやチームワークの大切さを知っているのも女性ですし、義務に忠実ですし、暴力に反対し、夫や息子たちを殺してしまう戦争を憎み、平和への道を見つけようとします。

女性には、良いところばかり。それなのに、なぜ劣等感に悩む女性が後を絶たないのかしら。美人じゃないとか、頭が悪いとか、どうして他人と比べて悩んでしまうのでしょう。悩むだけでなく、張り合ったり競争したりすることもあります。あの人に負けたとか勝ったとか。ひとりひとりがもっている素敵な個性を、なぜ誇りに思えないのかしら。女性特有の他人を思いやる気持ちよりも「見かけの美しさ」のほうが女性には大切なのだと、誰が決めたのでしょう。

アユミさんは、人と比べることをやめ、自分なりの人生や楽しみを見つけているのですから、それだけで素晴らしいことです。いまの自分を大切にしてくださいね。

あなたと同じ人はひとりもいない

ヘアスタイルを変えてみたり、自分に似合うドレスを選んだりすることは、自分を大切にすることです。でも、そこにこだわりすぎると大切な内面が忘れられます。

自分自身のことを考えるとき、色々な声が聞こえます。「バカだね」「太っているな」「痩せすぎじゃないの?」「なぜこんなに能力が無いの?」とネガティブな声がうずまくの。そんなときは、毅然《きぜん》とした自分の姿を思い描きましょう。「私はこんなに素晴らしいのだから」と、ネガティブな声を黙らせましょう。

この世に生を受けたときからあなたのために働いてくれている自分の体に感謝しましょう。感謝が健全な心と体を作ります。

女性は誰もが女神です。授かった贈り物を大切に育ててください。人類の全歴史をたどってみても、あなたと全く同じ人は存在しなかったことを思い出してください。あなたの存在自体がとても美しいのだと認めてくださいね。

モラルハラスメントをする恋人と別れられない

「お前、本当にブスだな。本当にダメな人間だな」

「太ったんじゃない？　少しはダイエットしろよ、恥ずかしい」

学生時代からの長い付き合いの彼が、私にこんなことを言います。最初は"親しみ"だと思っていました。「はいはい」「そんなこと言わないで」「ダメでごめんね」と笑って流していました。仲が良いからこそ、彼はこう言うんだと自分に言い聞かせて。

ある日いつものように「ブスだなあ」と笑われたとき、涙が出てきました。冗談だと受け流そうとしていましたが、私は彼の言葉に傷ついていたのです。「やめて」と伝えても、私への侮辱をやめない彼。別れたほうが良いとわかっています。

でも、なかなか別れを切り出すことができません。彼との付き合いが長かったせいで、一人のさみしさに耐えられるかどうか、自信がなくなっています。彼の悪口に耐えるべきか、さみしさの恐怖に耐えるべきか、迷っています。

――20代女性・ナナさん

ナナさん、話してくれてありがとう。もうひとり、あなたと似た答えを求めている人がいるから、続けて紹介させてくださいね。

どう吹っ切ればいい？ 忘れられない恋人

クム・ケアは、忘れられない恋をしたことはありますか。私は、昨年お別れをした恋人のことが忘れられず、悩んでいます。一生をともにしたいと思っていた人でしたが、相手はそう思っていなかったみたいです。

失恋をした日から、会社を休んで三日間泣き続けました。こんなに泣いたんだから、きっとスッキリと忘れられるだろうと思っていました。でも、今でも「帰ったら、あの人が待っているのではないか」「今日こそ、あの人から連絡があるのではないか」と期待してしまっています。そんなはずはないんですけどね。

「時間が経てば忘れるよ」と、友達や家族は私を励ましてくれます。本当でしょうか。私には、日に日に元恋人との思い出が自分に染み付いていくような気がしています。休日も、外に出かける気になれず、家でふさぎ込んだり本を読んだりして過ごしています。こんな私の人生が変わる日は来るのでしょうか。元恋人のことを忘れたいような、忘れたくないような、複雑な気持ちです。

――40代女性・アツコさん

自分と相手の人生を無駄にしないこと

「今の彼と別れたいのに一人ぼっちになるのが怖い」ナナさんと「一年前に別れた彼を忘

れられない」アツコさん、お二人に共通のお願いがあります。それは、一人の男性に心を縛られている状況から自分を解放してあげてくださいということ。ハワイ語で「イムア」というのは、前に向かって進むこと。前に向かって歩き出してくださいね。今の場所に漂っていると、素敵な愛が訪れたくても素通りして行ってしまいます。

ナナさん、「恋人」と呼べる人と別れることは難しいことですね。一緒にいた時間が長ければ長いほど、それまでには、いくつもの小さな傷を負い、大小さまざまな裏切り行為に会い、気が付いたら自分らしさが無くなっている。それでも、一人ぼっちになってしまうことは怖い。前を向いて歩きだすことが怖くて、結局そのままでいることを選んでしまう。

何度となく心を痛めたのに、これまで我慢できたのだから、ひとりぼっちになる寂しさよりは耐えられるのでは……。でも、**自分の価値を認めてくれない相手と過ごすことは、人生の貴重な日々を無駄にしていること。それは、相手の人生も無駄にしているはずです。**

あなたが求める「真の愛」とは

それにしてもナナさんの彼は、口が悪いですね。迷わずに別れた方がいいという「決め手」がありますよ。それは、その人と一緒にいるとき自分自身をどう感じるか？　ということです。

一緒にいると自信が持て、夢や希望が叶うように応援してもらえ、気持ちが落ち着いて心地よく、また偽りのない自分でいられたら、それが健全な愛の形です。もし、自分が批判されているように感じ、卑下する自分に気が付いたならば、その関係は毒になるでしょう。ナナさんは、はっきりと「侮辱」という言葉を使っていますね。答えは出ています。

欲しいのは、「真の愛」ですよね。それってどんなものかしら？　それは、どんな時でも自分自身を大切に思える関係です。たとえば、一緒に過ごす時間が少なくなっても、やりたい勉強や仕事が続けられるように激励しあえる関係。相手の収入が自分より多くなるほど昇進したときには、嫉妬するのではなく心から喜び合える関係。お互いの家族を大切にできる関係。

一緒にいると自分自身を「無能な頭の悪い魅力のない人間」のように感じてしまうようでしたら、別れて自分自身の人生を歩き始めた方がいいでしょう。その人は、あなたの魂を一口一口噛みちぎっています。相手の人生をむしばむことで、自分自身の魂を強くし、自信を得るのです。その関係を手放すことが怖いかもしれません。もしかして自分にとって必要な関係なのかもしれないと思うかもしれませんが、それは違います。実は、相手の方が必要としているのです。あなたを消耗させてそれを自分の栄養にしているからです。それがナナさんの彼のように思えます。

勇気をもって自分を救ってください。そして前を向いて歩き出してください。それまでに二人で築いたものも確かにあったことでしょう。それを守ることよりも、自分を救うことの方が先決です。

人間同士、どんなに親しい間柄でも怒りの矛先を向けるのを許してはなりません。それはどんな人間関係にもあてはまる「約束ごと」です。**愛ある関係は、お互いへのリスペクトが無ければ成り立ちません。**黙って出て行きましょう。「売り言葉に買い言葉」あなたの方が相手を罵ってしまいそうになるかも知れませんが、じっとこらえて出て行きましょう。言葉は恐ろしい武器になってしまうからです。相手の行動を責めても、人格を否定することは、自分を下げることになります。

「恋人を愛しつつお別れする」という選択

ナナさんもアツコさんも「でも、私は彼を愛している！」と言うかもしれません。一つ教えてあげましょう。**誰かを愛しつつお別れすることもできるのですよ。**毎日その人のことを思いながらも、一緒にいなくて良かったと思うこともあるのです。

まだ愛していると思っても、彼への信頼は壊れてしまっています。彼を変えることはできません。それでも彼を愛しているかもしれませんが、それはそれとして、自分に誇りを持つことができなければ、離れている状況の方が好ましいのです。関係を失うことは悲しいかもしれません。でもその関係は、あなたが望んだ形ではなかったのです。そのことが悲しいのであって、別れること自体は、実は悲しくはないはずです。

自分にはもっと価値があるのだと信じ、心と体を大切にし、一緒に歩ける人に会えるのを待ちましょう。きっと新しい素敵な出会いがありますよ。スティーブ・ハーベイの『世界中の女性が幸せをつかんだ魔法の恋愛書』（中経出版）という素晴らしい本がありま す。私は、すべての年代の女性たちに読むようにすすめています。

あなたのパートナーは、あなたが望む人生をともに創造するクリエイターでなければなりません。過去の恋愛から自分を解放しなければ、本当に求めている人は現れません。通りかかっても声をかけてくれません。常にあなたをベストな状態に高めてくれる相手がきっと現れることを信じて、その日の準備をしてください。イムア！

浮気を許せない私は心が狭い人間ですか？

三年前、八年連れ添った夫の不倫が発覚しました。相手は大学時代の後輩の女性だそうで、私がそれを知った時点でもう交際は四年続いていました。

裁判をして、後輩女性側にも慰謝料を払ってもらおうと思っていました。でも、夫が「全部俺が悪かった。責めるなら俺だけにしてくれ」と土下座するのを見て、裁判は起こさず、後輩女性とキッパリと縁を切ることを条件に夫とやり直すことにしました。

夫は不倫をやめました。仕事が終わるとたいていはすぐに家に帰ってきてくれます。休日も、家事をしてくれたり買い物に付き添ってくれたりと、一緒に過ごす時間が増えました。ですが、私はまだ夫の不倫を思い出して、ときどき無性に怒り散らしたくなるときや、悲しくなるときがあるのです。

あのとき「責めるなら俺だけに」と言った夫は、不倫相手をかばったのではないか。彼女を守ったのではないか。そう思うと、夫に守られていまも普通に暮らしている彼女が憎くなります。三年の月日が経っても夫の不倫を忘れられない私は、心が狭いのでしょうか。私の方が、悪い女なのでしょうか。

――30代女性・ユカさん

なぜ「人を許せない」のか、知っていますか？

三年前の夫の浮気を許せないユカさん、「許す」ってどういうことかなと考えてみます。大切なのは、誰かを許すということは、その人があなたにした行為を受け入れるということでは無いということです。怒りという感情はとても醜いものです。私たちが人を許すのは、自分自身が怒りや悲しみのパワーに押しつぶされないためです。受けた行為を忘れるかどうかは、別のこと。

恐れや怒りは重荷です。ですから早く心から追い出して、心をクレンジング（浄化）すれば、その代わりにたくさんの愛が入ってきます。目的は、「許して忘れる」のではなく、心の門に邪魔な感情を無くして、愛と平和と癒しの光が入って来られようにすることです。

そうは言っても、誰かを許したつもりでも、何年も経ってまだ心の奥に残っている傷に気づくことがあります。過去の経験がつらければつらいほど、圧倒されてどうにもできないように感じることがあります。

別の言い方をすれば、怒りを抱き続けるということは、相手に対する心の要塞《ようさい》を守ること。許してしまえば、自分を傷つけた人たちに屈服することになるのが怖いのです。

私たちが許せないのは「自分自身」

マハトマ・ガンジーが言いました。「弱いものほど相手を許すことができない。許すことができるのは、強さの証だ」と。

私は、私を傷つけたり騙したりした人たちを許そうと努力し、ほとんどのことは許したつもりでしたが、四十年もの間、心の中に離婚した夫に対する「怒り」という小さなしこりが残っていました。そして、たったいま気がついたのですが、私が許していなかった相手は、**自分自身だったのです。**

私は、私が自分自身で考えずに彼に従っていたこと、彼にノーと言いたいときにもイエスと言ったこと、彼の私への批判を受け入れたことが許せなかったのです。

そう気づいたとき、私は、過去の自分を抱きしめて、一生懸命生きてきたことを讃えてあげることができるようになりました。自分が弱かったことを許し、自分を愛してあげることができるようになったのです。

その瞬間に私の心の奥のしこりは、破裂して消え、私の周りが光り輝くのを感じました。ついに私は自分を許すことができたのです。

人を許せないと思うとき、実は、「誰かに自分を裏切るチャンスを与えてしまった自分」に怒っているのではないかしら？ 自分が傷つき苦悩したことを許せないのは、実は、そんなことが起こるチャンスを作ってしまった自分が許せないのではないかしら。

ユカさん、そろそろ自分を許してあげてください。

女性の価値は「若さ」だけなのか

クム・ケアは、どうして結婚をしようと思ったのですか。

私は20代のうちに結婚したいと思っていました。今年で29歳。結婚相手はおろか、恋人もいません。婚活は頑張ってきたつもりでしたが、「結婚したい」と思える相手に出会えないうちに、すっかり疲れてしまいました。

日本では、いまだに「若い女性」の価値が重視されています。30代、40代、それ以上の年齢で結婚する女性がたくさんいることは知っていますが、インターネットで「結婚するなら10代～20代の女性」「30代の女なんてババアだ」という書き込みを見てしまうと、私はもう終わりだ、価値がないという絶望的な気持ちになってしまいます。

これ以上、結婚相手を探して自分が傷つくよりは、恋愛・結婚はスッパリと諦めて、キャリアアップにシフトした方が気持ちが楽だと思います。先生、私は結婚しない人生を選んでも良いと思いますか。

――20代女性・ミユキさん

結婚しない方がずっと幸せなこともある

ミユキさんのお母様たちの世代は、まだ、妻は主婦として家庭を守り、夫が全エネルギーを仕事につぎ込むのを支えてきた世代でしょうか？ いま、次の世代の日本人女性たちに、革命が起こっているようです。母親と同じような人生を送りたくないと感じる女性たちの革命です。

また、これまでの日本の男性は、仕事が終われば同僚と飲みに行き、帰宅は午前様ということもあるというのは、本当でしょうか？ さらに驚くことに、外に愛人を持つ、いわゆる不倫関係を持つなんていうこともあるようですね。男性は、一方で妻と家庭を持ち、もう一方で仕事と愛人の世界をもつという、そんなことを望んでいたようですね。

若い世代の女性は、そんなことは認めません。その結果、日本人女性の結婚年齢は高くなり、全く結婚しない女性も大勢います。夫と同等の権利を持つ結婚でなければしたくないと、キャリアを磨くことことを選ぶ女性たちです。私は、それは正しい選択だと思います。

女性は、それほど進化し始めているのですが、日本人男性はどうも鈍いようです。女性側からの革命を認めたり合わせたりすることはできないみたい。家庭、仕事、愛人のすべてを持っていたいと思うようですね。ですから、自分の意志を持たない若い女性を好むのでしょう。若い女性は、コントロールしやすい、自分の支配下に置くことができるからなのですね。

きっとミユキさんは、結婚するのならば、同じ価値観を持ち、お互いに信頼しリスペクトできる関係を望んでいらっしゃるのでしょう。もし、それに値する男性が現れなければ、独身でいた方がずっと良い人生を送れるでしょう。

満足できない結婚をするよりも、全く結婚しない方がずっと幸せです。キャリアを積んで充分実りある人生が送れると思います。友人との時間を楽しんだり、趣味を高めたりすることの方がずっと幸せです。自分に正直に生きることが、一番の幸せなのです。

不倫の恋に「幸せ」はありますか？

誰にも言えないことを、相談させていただきます。怒られるかもしれませんが、私の好きになった相手は既婚者でした。そうとは知らずにデートを重ねて、何度も体の関係があったあとに「実は……」と伝えられました。

「パートナーにはもうときめきはない。離婚して、あなたと結婚するつもりだ。時間がかかると思うが、待っていてほしい」と、彼は言います。私はうかつな人間ですが、バカではありません。そんな言葉は、不倫する人がよく言うウソだということくらい知っています。いくら「好きだ」「信じてほしい」と言ったって、離婚なんかするわけない。

でも、私も彼のことが好きなのです。「あと一回だけ会おう」「次で終わりにしよう」という決意を何度も繰り返して、ズルズルとここまで来てしまいました。彼はいまでも「離婚するから、待っていて」と言います。

このまま彼を信じて、待っていても良いのでしょうか。クム・ケアなら、離れがたい人との恋愛に、どう対処しますか。

――30代女性・アイカさん

彼は約束を守れない弱い人間だと理解してね

日本では、結婚している人との恋愛を「不倫」というそうですね。その字の通り、結婚している人と恋愛関係を持つというのは、良いことではありません。アイカさんも何か後ろめたさを感じて、私だけに打ち明けてくださったのですね。

こんな風に考えてみてください。**彼と交際して、アイカさんは本当に欲しかったものを手に入れられたかしら？**　答えは「ノー」と私には言い切れますよ。このまま続けていれば、彼の妻と子供たちの人生にも影響してしまうことも充分知ってらっしゃるでしょう。でも、それよりももっと大切なことがあります。アイカさんのすぐ近くにあなたが望む愛と信頼関係を築ける相手が現れるかもしれません。それなのに今の恋を続けていたら、その人は近寄ることもできないでしょう。なんてもったいない！

いまの彼がアプローチしてきたとき、妻子があることを知らなかったのですね。でも、考えてみてください。妻にもあなたにもウソをついて始まった交際です。彼は、約束と義務を守ることのできない弱い人ですよ。もし、あなた一人のものになったとしても、その性格は変わることはなく、きっとあなたに対してまた同じことをします。

もっと自分のことだけを考えていいの

私たち女性は、「なぜ男性は、家庭の外で妻以外の女性と関係を持ちたがるのかしら?」と思うものです。それは、男性と女性は、性に対する感じ方が大きく違っているからなのです。人類がこの世にあらわれたときから、大きな違いがあるのです。

男性は、遺伝子的に、自分の種をできるだけ広くまき散らすように作られています。これは、人類の存続と子孫の繁栄のためには必要な自然の摂理でした。でも、それが本当に必要だったのは、人類の始まりの頃。いまでは時代錯誤ですが、そのために男性の性に対する勢いは、女性の場合と全く違うのです。

女性は、人の世話をし、人を育てることが得意です。子供を産み、次の世代を生み出します。もちろんこれは、一般的な話をしているのであって、男性でも女性でもこのパターンに当てはまらない人はたくさんいます。でも、一般的には、男性はセックスのために愛しているふりをし、女性は愛を得るためにそれに応じるのです。だからといって、男性が悪く、女性は被害者であるということでもありません。これは、単なる事実です。このことを女性は知っておく必要があります。

女性としては、もっとわがままになり、自分のことだけ考えましょう。彼が家族を捨ててあなたのものになることは、恐らく無いでしょう。何度離婚してあなたと結婚すると約束したとしても、その日は来ないでしょう。ということは、彼は、あなたの貴重な大切な日々を奪っているのです。その間にあなたの自尊心と誇りは傷ついていくでしょう。

そして、繰り返しになるけれど、確かなことは、あなたに思いをよせる誠実な男性が現れても、あなたに近づくことができないということ。

終わらせる勇気をお持ちなさい。つらいことかも知れませんが、続けたとして、あなたが望むような日々は訪れないでしょう。あなたが決意して終わらせなければ、彼の方から終わらせることはありません。それは、彼にとっては、妻とあなたの両方の良いとこ取りをするのが、一番都合がいいからです。

アイカさん、彼と別れて、両手を広げて新しい人との出会いを歓迎し、幸せになってほしいと切に願っています。

女性の心と体のまま女性を愛したい

ハワイやフラの世界では、セクシャルマイノリティはどんな風に受け止められていますか。

私は、自分はヘテロ（異性愛者）だと思って生きてきました。同性愛者は、生まれたときから「自分は同性愛者だ」と気付いているのだと思っていました。でも、私は20代になってから、自分が恋をする相手は同性だということに気づきました。

私は、身体は女性で心も女性です。男性になりたいのではなく、女性のまま女性を好きになり、交際をしたい気持ちがあります。20代になってからそのことに気づいたので、過去には異性の恋人がいたこともありました。それを知っている家族や友人たちに、いまさら「私は同性愛者」とは言いづらいです。

同性愛者の友人がいるわけでもなく、いったい誰に相談したらいいのかわかりません。

そのため、自分でも、自分をどう受け入れたらいいかわからず、なんだか自分がここにいないような虚しい気持ちになってしまいます。

――20代・ヒカリさん

愛はどんな形でも美しい

ハワイの詩人のマリア・クレーバーは、「**アロハスピリットとは、違いを『素晴らしい個性』と認めることのできる愛のことである**」と言っています。

人間の体は、たくさんの細胞でできていて、頭で考えなくても、自然にいろいろな行動をします。人間の姿をしているという点では誰もがよく似ているのですが、実は、一人一人違っています。地上のあらゆる生物や植物も二つと同じものは存在していないのに、何となく「ノーマル」という概念ができあがるのは、とても不思議なことです。

そう理解すれば、惹かれる相手が異性であっても同性であっても愛することに違いはありません。それなのに未だにセクシャルマイノリティに対する偏見は消えません。それは、とても悲しいことです。

私にはっきりと言いきれるのは、愛はどんな形でも美しいということ。そして、誰が誰を愛するようになるかは、生まれる前に体のなかにプログラムされているのであって、頭で選ぶものではないということ。自然に惹かれて愛する相手が同性であっても、その気持ちを否定することは誰にもできませんし、純粋な愛には、ノーマルもアブノーマルもありません。

ハワイ語のゲイを意味する「マーフー」は、古代ハワイの文化ではとても大切にされていました。それは、年頃になってもお嫁に行かずに家にいて家事の手伝いをし、母親が年老いたときには、良き話し相手になれるからです。家族に喜ばれる存在だったのです。でも、私たちを取り巻く今の社会は、違っています。ヘテロセクシャルで無いというだけで受ける差別が無くならなければ、似たセクシャリティの人たち同士が仲間になり、お互いを励まし合うことしかできずに、社会から孤立してしまいます。

でも、時代は、少しずつですが確実に変わってきています。ヒカリさん、自分自身をリスペクトしてください。あなたの愛は、神様からのパーフェクトな贈り物。パートナーとともに心から祝福すべきものです。

隠し続けることに罪悪感を持たないで

さて、家族や友人に伝えるべきかという質問ですが、答えは一つではありません。自分の置かれている環境を見つめながら、良く考えてくださいね。

真実を家族や友人に隠さずに伝えることは、とても健全なことのはずです。でも、宗教的や政治的な影響で、LGBTQ＋の生活を息苦しくさせているものが近くに存在しているのであれば、黙っていることも一つの選択肢です。

カミングアウトして、秘密を持つという罪悪感から解放され、真の自分を伝えることは尊いことであるはず。なのに、そのために家族や友人から否定され仲間外れにされるということは、実際にあります。本来なら、誇りを持って打ち明け、受け入れられ、癒されるべき魂が、怒りと悲しみ、愛する人たちから拒絶されるという苦悩のなかに投げ込まれてしまうことを、私は心配しています。
最悪な事態は、両親、祖父母や家族から拒絶されることです。そうなると受ける心の傷はとても深いものです。カミングアウトを決めるときは、その結果に打ちのめされない自信があるかを自問してください。私がおすすめするのは、前もってサポートを得られる準備をしておくことです。同じ立場の友人たちに必要なときに相談し、慰めてもらえる環境を整えておくことです。

真実を伝えることは、素晴らしいこと。でも、それが苦悩と寂しさをもたらすかもしれません。隠し続けることの方が、偏見や差別に見舞われるよりもつらく苦しく思えることもあるでしょう。いま打ち明けるか、時が来るのを待つことにするかは、状況を見ながら決めてくださいね。

いつの日か人類がもう少し進歩して、一部の人間が勝手に作ったモラルに誰もが縛られない日が来ますように。誰もが自信を持って生きられる日が来ますように。誰に向けられたものであっても、愛情は、人間が持っているどんな感情よりも美しいものということを、社会全体が認められる日が来ますことを切に望みます。

年老いてからの恋は恥ずかしいことですか？

私は60代のおばあちゃんです。二人の息子と、三人の孫がおります。それでも、85歳のクム・ケアから見たら、私もまだ娘のように見えるでしょうか（笑）。

30代で離婚し、息子たちを一人で育て上げるため、朝も夜もなく働きました。恋愛をするよりも息子たちのほうが大切で、私はこのままシングルで生きていくつもりでした。

でも、先生。実は最近、私にも好《い》い人ができました。相手は私と同世代のおじいさんです。40代の頃に奥様に先立たれたそう。趣味が多く活動的で、一緒にいると私まで元気にしてくれるような人です。50代から始めた私のシニア・フラの発表会を見に来てくれたときは、とても嬉しかった。

おばあさんになってからの恋は、穏やかであたたかいです。ただ、恥ずかしさがあり息子たちには話せていません。もし彼と息子たちさえ良ければ、また結婚し、家族を持ちたいと思っているのですが。

年老いた私の恋や結婚、先生はどう思われますか。恥ずかしいことでしょうか。

――60代女性・スミレさん

60歳を過ぎた後の人生は「黄金時代」！

恋愛に年齢なんて関係ありません。いくつになっても、愛の訪れはとても嬉しく、神様からの贈り物です！

スミレさんが残りの人生を共に生きる人を見つけられたのは、素敵なこと。同じ楽しみを見いだせる人に会えたのですね。60歳を過ぎた後の人生は、「黄金時代」、そんな時代を共に生きられシェアできる人が見つかったこと、自分のことのように嬉しいです。スミレさんがどうしたいかは、息子さんたちが決めることではありません。もう立派に自分の人生を歩いているのですから、母親に「こうしなさい」なんて言う権利はありません。

自分たちの母親が人生をシェアしたいと思える人に会えたということを純粋に喜んでくれれば、それに越したことはありませんが、こどもというのは不思議なもので、いくつになっても新しい他人が母親の生活に入って来ることを歓迎しないこともよくあります。そんな幼いわがままに、新たなパートナーとの関係が壊されないようにしましょうね。息子さんたちに「お母さん、こうしていいかしら？」と、許可を求めることはありません。

残された人生を分かち合うのに適した素晴らしい人に出会えたことがどんなに幸せかを伝えてください。最初は抵抗があるかもしれませんが、母親が本当に幸せであることを確信できれば、きっと祝福してくれるでしょう。少し時間が必要かも知れませんが、彼の存在を喜び、認め、きっと感謝してくれると私は信じています。

「結婚をするか」は、どちらでも良いように思います。二人にはこどもを作れることは無いのですし、法的な手続きは必要ではないと思うのですが、どうでしょうか？一緒に暮らしても、別々に暮らして会いたいときに会うのも良いでしょう。この歳だからこそ、自由に考えてみてください。お互いのプライバシーを大切にする方が長続きするカップルもいますし、もちろん二人が望めば、正式に結婚しても良いでしょう。

ある意味で、私たちは、歳をとって本当の自由を手に入れられるのです。

いただいたご縁を大切にして、訪れた愛を体いっぱいに抱きかかえ、感謝して幸せになってください。

第2章

自分を認めること

見た目に自信がなく笑われている気がする

9歳から、お母さんと一緒にフラダンスを習っています。小さなこどもからお母さんと同じ世代、おばあさんまで、誰でも一生続けられるフラが大好きです。でも、最近悩んでいることがあります。それは、私が容姿や体型に自信がないことです。

私が通っている教室では、毎年一回発表会があります。新しい曲を練習して、素敵な衣装をそろえて参加するのが楽しみでした。でも、あるとき通っている中学校で、男の子に笑われました。「お前、全然衣装が似合わなさそう。顔も地味で可愛くないし、スタイルも良くない」と。

顔が地味でも、発表会でお化粧をするのが嬉しかった。スタイルは良くないけど、教室で一緒に踊るお姉さんたちは「これから成長するよ」と言ってくれていました。でも、「衣装が似合わない」と言われたことで、発表会のステージに立つのが怖くなってしまいました。本当はみんなが自分の見た目を笑っているのではないかと、すっかり自信がなくなってしまいました。

――10代女性・マリナさん

あなたはこれから美しく咲く花

10代のマリナさん、英語でティーンがつく年齢、13歳から19歳までのティーンエイジャーとしての七年間は、人の人生で一番困難で大変なとき。まだ自分がどんな人間であるかわからないし、人格も定まっていないころです。そこで、周囲の同年代の人たちの心ない言葉に傷ついたり、悩んだり、自信をなくしてしまいがち。人が自分をどう見ているかがとても気になる頃。マリナさんから見たら、容姿や体型がモデルさんのように見える人でも、必ず何かに悩んでいるものです。それがティーンエイジです。

意地悪な男子の言うことなど、気にしないでください。マリナさんは、自分がどんなに**素敵なのかに気づいていない、これから大きく美しく咲くお花です。**

とても信じられないかも知れませんが、悩み多きティーンエイジは、人生のたったの7年間です。私は、85歳です。その内の7年間なんてパーセンテージにしたら微々たるもの。ですから、今の悩みもいずれは消えて、自信にあふれた人間として美しく成長していく自分を思い描いてください。

マリナさんがフラを習っているのは、素晴らしいこと。フラは、自信を与えてくれ、精神的な成長のための土台となります。フラを踊るときは、中心となるのは踊り手ではなく、そのメレ（歌）の伝えるメッセージです。踊り手は、ストーリーテラーにすぎません。主役は物語です。踊っているとき、踊り手は、エゴや自意識を脇に置き、そのメレが伝える美しい物語を体で語る人になるのです。古の教えにあります。

「フラを踊る時には、羞恥心は家に置いてきましょう」

フラは心・体・精神を繋げるスピリチュアルなものです。フラの語る物語には、ネガティブなメッセージは、少しもありません。フラが表現するのは、人間の愛と強さです。さらにフラは、自然界のリズムや動きを私たちの体に吹き込んでくれます。フラを通して私たちの体は、自然と一体になります。特にこれは、都会に住む人たちには大切です。都会にいるとどうしても自然のリズムから遠ざかってしまうからです。

フラを踊るとき、私たちの腰は、寄せては返す波を思わせる動きをします。腕やハンドモーションで木々の間をそよぐ風の動きを表現します。フットワークは、母なる大地をマッサージするように優しくステップを踏みます。そうして自然と一体になれるのです。

フラをやめないでくださいね。フラは、私たちの心を癒し、精神を高めてくれます。10代のマリナさんは、まだ自分が誰であるか、そのコアの部分を知りません。そして、どんな素敵な贈り物と才能を神様から与えられているかに気づいていません。でも、信じてください。いまこのときは、マリナさんにとっての素晴らしくエキサイティングな人生の始まりです。他人の言うことなど気にせずに、自分に優しくなって、自分を認めてあげてくださいね。

趣味を続けることが自分を癒す

マリナさん、日記をつけてみたらどうかしら。自分の感情のすべてを書いてみるのです。その日のできごとや気持ちを記録します。頭にきたことやつらかったこと、誰かに何かを言われたこと、自分を哀れんだり慰めたり、どんな言葉で書いても誰も傷つけません。頭に浮かぶことすべてを書いていくうちにネガティブな感情が消えていき、それだけで癒されることにきっと驚くでしょう。

フラの練習は続けてくださいね。私は、よく生徒さんたちにこう言います。

「フラは、嫉妬深い恋人みたいなもの。一時も気を抜かず、100%の意識を向けていなければならないの」

踊っているとき、少しでも別のことを考え始めると、振りがわからなくなり、間違えてしまいます。全神経をフラに集中しなければならず、そうしているうちに、頭の中の自分への批判はどこかに行ってしまいます。そうして心が癒され、意識が高まります。私の生徒さんたちは、レッスンの後は、意気揚々として帰っていきますよ。

それでも男子の言うことが気になっているとしたら、成功している人たちが中学・高校時代に周りから何て言われていたかを思い出してください。

エルビス・プレスリーは高校生のとき「変人」と言われ、友達がほとんどいませんでした。エルトン・ジョンは、誰にも相手にされずバカにされていました。ビル・ゲイツ（マイクロソフトの創始者で世界有数のお金持ち）は、「オタク」で、女の子たちに全くモテなかったそうです。

いま、マリナさんは、自分がどんなに素晴らしいか知らないのです。見かけの美しさではなく永遠に続くもの、たとえば優しい性格、きめ細かな知性、誠実さ、仕事に対する真面目さなどを養ってくださいね。

大好きな自分になって、ワクワクと人生を生きて行くための準備をするのがティーンエイジ。そのことを忘れないでね。

年齢をからかう言葉に傷ついてしまう

私はいま、大学生です。学校やアルバイト先で、女性の年齢についてからかう人によく出会います。

大学のサークルでは、新しく入ってきた一年生に対して私の同級生が「私たちなんておばさん」と自虐します。バイト先の居酒屋さんでは、酔っ払ったおじさんたちが20代の私と30代の女性を比べて「20代の方が良い」「30代になったらおばさん」と笑います。どうして「おばさん」はネガティブな意味で、馬鹿にされるのでしょうか。

私が通っているフラのスタジオでは、こどもから大人、年配の方まで多くの素敵な女性が参加して、フラを自由に楽しんでいます。そんな年上の女性たちに、私は憧れます。でも、スタジオから離れると、なんだか年をとることが怖いと感じてしまいます。

――20代女性・ルカさん

自信のない男性ほど「若さ」を求める

若いということが、過大評価されています！ 若さとは、心や体のしなやかさのことであり、年齢ではありません。

若い女性を讃える男性たちは、何を考えているのでしょう？ 若い女性は、成熟している女性よりもコントロールしやすく操りやすいというだけが答えのような気がします。男性の自信の無さの裏返しとも言えるでしょう。時代は変わっています。それなのに、残念ですが、男性はなかなか変わることができないようです。

男性のエゴ（自我）はとてももろいことを知っていますか？ 「女性」を下に見ることで、エゴが満たされるのかもしれません。

アメリカでも以前は、男性はビジネス優先の人生を選びました。でも、価値観はどんどん変わり、家事や子育てを分担することを当然とする男性も増えています。その方が、男性も女性も幸せであるという証拠になってきています。

きっと日本では、母親が息子を育てる時に、「王子様」のように扱うのでしょう。小さいときから、女性も男性も平等であると育てるべきですね。

ルカさん、自分の恋人だけは、女性を年齢や容姿ではなく、中味で評価するようにトレーニングすることができるかもしれません。でも、それは、結婚する前に実行しなければなりません。結婚したら、男性を変えることは不可能です。これは、私が断言します！

「年月の積み重ね」が大切にされるフラの世界へ

ルカさん、フラと出会えたことは、ラッキーですね。フラを踊っているときの女性は誰でも美しく、優雅で堂々としています。

アロハの意味を知っていますか？

アカハイ（思いやり）
ローカヒ（協調性）
オルオル（礼儀）
ハアハア（謙虚、素直な心）
アフヌイ（忍耐）

この五つのことばの頭文字を繋げるとアロハになります。フラで強調されるのは、オイアイオ（真実、純粋さ、誠実）とクレアナ（責任）の大切さです。このどれをとっても幸せな人生や生活に必要不可欠なものです。

フラのメレ（歌詞）には、人生のエッセンスが注意深く刻まれています。私たちを幸せに導いてくれるスピリチュアルなロードマップがフラです。その導きに従って生きていけば、人生が充実します。

フラのハラウ（教室）のクム（先生）がフラの正しい実践者ならば、同じように考える女性たちをフラシスターとして、ともに意識を高めていかれます。ルカさんの先生が、エゴの誘惑に負けずに、自分自身の意識を常に高めながら、アロハの精神でフラを教えられる人であることを望みます。ハラウは、自己啓発の場であり、メンタルなトレーニングの場でもあります。人格を高め、成長する場でもあります。フラによって誰もが癒されるのは、そういう理由です。

フラでは、年月を積み重ねていくことが大切です。年を経て、私たちの知識は増し、人と分け合う智慧《ちえ》が増えていきます。女性は、若くて顔が可愛ければ良いというものではありません。ですから、歳をとることを怖がる必要は無いのです。私は、自分が24歳だったときや45歳だったときより、85歳のいまの方が価値ある自分に成長したと思っています。現在でも、一生懸命私の仕事をし、フラが私にくれた素晴らしい贈り物に感謝していきます。ルカさんの人生もフラによって輝き、歳を重ねるにつれて永遠に魅力が増していくことを約束します。

心と精神が高められ、自分が成熟することを尊重してください。アロハの精神を人生のいかなるときでも実践しましょう。ここに生まれたことに感謝して、与えられた人生がベストであるように毎日尽くしながら、歳を重ねていきたいものです。

「お母さんは幸せじゃないの？」と言われました

先日、小学生の娘に「お母さんは幸せじゃないの？」と聞かれてドキッとしました。私がいつも「○○さんが、マイホームを買ったんだって」「娘の友達の○○ちゃんは、ピアノで賞を取ったみたい」「私と同い年のあの女優さん、私と違って10歳は若く見える」と、他人の話ばかりしていることが、気になったようです。

確かに、私は自分の悪いところと、他人の良いところや羨ましいところばかりに目がいきます。容姿、体型、才能、家族、学歴や仕事……。自分は何も持っていないような気がして、落ち込んでしまいます。ちょっとぐうたらですが優しい夫もいるし、元気で気が利く息子と、可愛くて賢い娘もいるのに、贅沢ですね。

どうしたら、他人の良いところばかりではなく、私自身の良いところを認めることができますか。

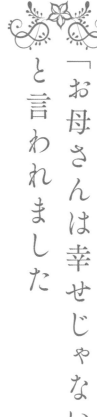

「うらやましい」と思わない人たち

キョウコさん、私には、アフリカの人里離れた村のためのファンドレイジング（基金確保）を仕事にしている友人がいます。本人もその村の小学校に頻繁に訪れています。ハワイに戻ると私の家に来て、そこに住む住人たちの話をしてくれます。

そこでの暮らしは、私たちの水準から見れば、「過酷《かこく》」ともいえます。新鮮な水は無く、家族に与える充分な食べ物も無く、生活費を稼ぐ場所も無く、靴も着るものも満足にはありません。医療品も足りなければ、医療機器も無く、医者もいません。無いもののリストはまだまだ続きます。それでも、世界で一番幸せな人たちだとその友人は言います。その村には、うつ病患者も自殺する人もいないというのです。

何も無い生活が幸せなんてことはあるでしょうか？　私たちが「快適な生活」と呼ぶ生

活からは程遠い暮らしをしている人たちが幸せで、欲しいものはほぼ何でも手に入る私たちが、現状に満足できずにいるのは、どうしてかしら？

私たちは、貪欲で、もっともっと欲しいと思うのは、こどもじみているのかしら？　それとも、考える時間がありすぎて、ついつい持っていないものが見えてしまい、嘆くのかしら？　モノに溢れた社会では、感謝することを忘れてしまっているのかしら？

その答えの一部は、この小さな村の人たちは、みんなおなじ状況にいるということだと思うのです。人よりも多くを持っている人も少なく持っている人もいないのです。だから、他人と自分を比べて羨ましいと思う理由が無いのです。

「感謝の練習」をしてみませんか？

私たちが住む現代社会には、「貪欲な人たち」「嫉妬する人たち」「他人をうらやむ人たち」の三つのタイプの人たちが存在しています。

「貪欲な人たち」には、「充分」という概念がありません。企業のトップは、何億円も稼いでもまだ足りないと多額のボーナスを要求します。

「嫉妬する人たち」は、自分の持っていないものを持っている人をねたみ、できれば奪ってしまいたいと思います。

「他人をうらやむ人たち」は、他人が持っているのと同じもの、できればもっと良いものを欲しいと思います。

この三つのタイプの人たちは、自分たちが実はとてもみじめな状況にいるのだと気がつきません。どこまでいっても与えられているものに満足できずに、幸せを感じることができないのは、不幸なことです。貴重な人生を無駄にしていることに気がつきません。もし、あなたがそのことに気がついているならば、できることがあります！

それは、与えられているものすべてに「感謝」すること。それを覚えると、「貪欲」「ジェラシー」「うらやむ心」が、一つ一つ消えていきます。「感謝」は、とてもパワフルなツールです。わかっていても、私たち人間は、人と自分を比べてしまいます。自分の身の回りの小さなことの全てが神の祝福と心から感謝できるようになるには、練習が必要です。
感謝日記を始めるのもとても良い練習になります。毎日、感謝することを五つずつ書いてみます。続けていると、考え方のパターンが変わってきます。

他人を羨ましいと思う気持ちが浮かんだら、意識的に自分が持っているもののことを考え始めます。二つの目があり、二つの耳があり、二本の腕と手のお陰で生活が楽になり、歩いたり走ったり、踊ったりできる二本の脚と足があります。今日も通りを歩いて無事に家に着いたこと、災害にも爆弾にも遭わずに家があること、家族が一日健康に過ごせたこと。まだまだ続きます。太陽の温かさ、恵の雨、雲、虹、花々、そよ風、やりがいのある仕事、フラが踊れること、愛する伴侶、健康なこどもたち……。

毎日、毎時、日常の当たり前のことがらに感謝する練習を続けていけば、それが自然にできるようになったとき、心から幸せになり、神の祝福に満ちた日々を送ることができるでしょう。

人の意見に振り回される人生を変えたい

昔から、親や先生の言うことを聞く良い子だと言われてきました。そのせいか、大人になった今でも周りの評価や発言が気になって仕方ありません。

自分で考えて決めたことでも、親や恋人がちょっとでも「それで大丈夫?」と心配したり「ここは違うんじゃないかな」とアドバイスしてきたりすると混乱します。なんだかすべてが否定されたような気持ちになり、何もかも投げ出してしまいたくなります。

「大丈夫、私はこう考えて選んだんだよ」と、自信を持って言えたらいいのかもしれませんね。でも、どうしても自分よりも周りの判断のほうがずっと正しいと思い込んでしまいます。クム・ケア、私も自分の考えていることに自信を持って、先生のように堂々と生きてみたいです。

――30代女性・ミスズさん

「人を喜ばせたい病」の治し方

ミスズさん、ほとんどの女性がかかっている病気を知っていますか？

それは、**「人を喜ばせたい病」**です。

幼い頃から、女の子は可愛くいい子であり、言いつけを守り、いつもにこにこし、両親や先生には従うようにと期待されて育てられるので、その意識が私たちのパーソナリティに埋め込まれてしまうのです。そこで、誰かの期待に反する行動や間違えを犯すことがとても怖いのです。誰かの承認を得なければ何もできなくなっているのです。自分の意見や判断に全く自信が持てない。ミスズさんは、その病気を患っているだけです。

ほとんどすべての女性のかかっているこの病気を治すための処方箋を考えましょう。急に自分を変えるのは難しいので、いくつかのステップが必要です。

まず、喜んで自分の間違えを受け入れたいという姿勢を持つこと。この世に常に正しく完璧な人などいないのですから、失敗を恐れないこと。失敗しないためには、状況をしっかりと見据えます。そして、自分の選択する行動を取ればどういう結果になるのかを想像してみます。そして、その場で自分が一番良いと思える判断をして、どうするかを決めます。

この段階では、すでに結果が良くても悪くても受け入れる覚悟ができていなければなりません。望んだようにならなかったときは、失敗を認めましょう。世の中には、いつも自分が正しくて間違いを認めない人もいますけれど、ミスズさんは違います。自分を責めることなく受け入れ、その経験から学ぶことができれば、次に同じことが起こったときは、より良いアイデアが出ます。

私は、ミスや失敗することを怖いと思ったことは、一度もありません。失敗しない人は、自分のカンフォートゾーン（居心地よい空間）から出ようとしない人。私は、枠から出て、自分の才能や興味を高めるチャンスをつかみたいといつも思うのです。そうして人は成長できると信じています。何もトライしない人生に比べれば、失敗することは決して悪いことではありません。

自分の心のままに行動し結果を受け入れる

あなたの愛する人、ご両親やボーイフレンドからの反対意見には、耳を傾けましょう。そして、従うことが正しいか、自分の思い通りにすることが正しいかを自分の力で考えます。「今回は、思い通りにしたい」という結論でしたら、誠実にそれを伝えてください。貴重な意見に感謝するとともに、自分なりに良く考えて、今回は自分で考えた通りにしたいという結論になったことを伝えるのです。

相手は、ショックを受けるかもしれませんし、さらに反対するかもしれません。それでも自分の結論に従います。そして、行動してみて、結果を受け入れましょう。

初めて自分の考えで行動するときは、あまり大きなことではなく、小さなことから始めてください。これは、「筋トレ」みたいなもの。強くて柔軟な筋肉をつけるためには、最初は負荷を軽くし、だんだん重くしていきます。結果が良ければ自信を持ち、悪ければそこから学び、常に謙虚な姿勢でいれば、少しずつ心が鍛えられます。

私たちはいつも心の中の声を聞いています。「直感」とか「潜在する知識」と呼ばれるものですが、そんな「内部の声」はとても純粋で、自分にとって何がベストかを教えてくれています。その声を聞こうとしないと、いつか心は黙ってしまいます。それでも心の声は必ず存在していて、聞けば聞くほど、その声を尊重すればするほど、その声は強く大きくなり、自分がどうしたら良いかがわかるようになります。自分の心の声を信頼できるようになれば、自分で決めたことを自分で行動できるようになります。

忘れないでください。私たちは、一生発展を続けます。人間に完成品はありません。常に「発展途上」ですから、学び続けましょう。

こどもを産めない私は欠陥品ですか？

クム・ケアは、大きなご病気をしたことはありますか。私は20代前半で乳がんにかかりました。乳がんの治療後、妊娠、出産をする女性もいます。私の場合は、抗がん剤の副作用で月経がなくなってしまいました。

しばらくすると月経が回復する人ももちろんいるそうです。でも、何人かに一人は月経が止まったままで人生を送るのだと聞きました。もしかして自分がその〝一人〟なのではないかと思うと、悲しくて眠れなくなります。

がんの治療のために、お金や心身の面で、親や友達にたくさん迷惑をかけました。それなのに、「こどもが産めないかもしれないなんて悲しい」と相談して、またつらい思いをさせると思うと、誰にもこの気持ちを打ち明けられません。夜に自分の部屋で、一人で泣いています。

もうすぐ30歳になります。この先、恋をしたり、結婚したいと思える相手と出会ったりすることもあるかもしれない。そのときに、きっと「私は欠陥品なのに、恋や結婚をしたいと思うだなんて」と自分を責めて消極的になってしまうでしょう。**先生、こどもが産めない欠陥品の私は、これからどんな気持ちで生きていくべきですか。**

――20代女性・アヤさん

人は誰もが欠陥品。こどもを持つ方法はひとつじゃない

最初の質問にお答えすれば、私は、これまで大きな病気をせずにこの歳まで生きてきました。でも、息子が大病にかかったことがあるので、アヤさんのお母様の気持ちは、よくわかります。きっと、今、アヤさんがお元気でいることを心から喜んでいらっしゃると思います。

アヤさんの気持ちには、どこまで寄り添えるかは正直言ってわからないのですが、言ってあげられることはあります。**こどもを産めるか産めないかということと、ご自身の人と**

しての価値を、わけて考えてください！

アヤさんにはユニークな個性があり、才能もあります。また、ご家族や友人思いですし、他人と愛を分かち合い、愛を与えることも受けることもできる人です。

男性にもこどもを授かる能力の無い人は大勢います。逆に考えて、例えばアヤさんがこどもを産めて、出会って好きになった男性、人生のパートナーとして一緒に生きていきたいと思う男性が無精子症だとしたら、アヤさんは、その人を欠陥品として愛するに値しないと思うかしら？

アヤさんに限ってそれは無いと私には言い切れます。彼の人格の方が大切ですよね。きっと、こどもが持てるか持てないかは、問題でないと感じるのではないかしら？

欠陥品と思えば、誰でも欠陥品。完璧な人はいないのですもの。ですから、「欠陥品」という言葉も捨ててしまいましょうね。

そんなに悩むのは、自分に対して不公平です。アヤさんは、勇気をもって病気と闘い克

服した癌のサバイバーなのですよ！ 死に怯えた日々もあったでしょう。それを乗り越えていま生きている自分を誇りに思ってくださいね。自分を讃えてあげてください。あなたは、とても素敵です。病気の経験から、他の誰よりも強くて素敵な自分になっているはずです。死の淵からよみがえり、与えられている命に感謝して日々を送っているアヤさんは、それだけで尊く美しいです。

将来、結婚して二人が望めば、こどもを持つことはできます。生まれて一年以内の赤ちゃんを養子にして愛することも、孤児になったこどもを家族に迎えることも素敵なことだと私は思います。血がつながっていなくても、幸せな家族を私は、たくさん知っています。

娘が同性愛者だと打ち明けてくれたのに……

最近、日本のテレビ番組では当たり前のように同性愛者のタレントが登場します。同性愛を題材にしたドラマが人気を博し、映画になった例もあります。50代のおばちゃんである私でさえ、こどもたちに教わって「LGBTQ+」という言葉を覚えました。昔とは、すっかり時代が違うのですね。

「差別や偏見はいけないこと」と、こどもに教えてきた私。だからでしょうか。あるとき、高校生の娘が私に「お母さんに、知っていてほしいことがある。私はレズビアンなの」と打ち明けてきました。びっくりしました。とっさに「そうだったの。打ち明けてくれてありがとう」と言って、娘を抱きしめました。娘は、安心して涙を流していました。

でも、本当は私もまだ戸惑っています。夫はもちろん、義実家にもまだ娘のことを話せていません。当たり前のように異性と結婚した私のような人生を、娘は歩めないこと。娘がつらい目に遭うのではないかという不安。娘への愛情は変わらないのですが、正直、どのように接したらいいいか、私はどうしたらいいかわかりません。

――50代女性・ハルミさん

娘さんは何も変わっていない

親として、自分のこどもたちが苦労や問題が無く、幸せに暮せることを望むのは、当然のことです。母親は、こどもが生まれたその日から、怪我や病気にかからない様に、またこどもたちを生活に害を与えるありとあらゆることから守っています。こどもの運命が、既存の文化や習慣で受け入れられない生活を強いられるとなると、心が痛むのは当然のことです。

こどもを守りたいというのは、母親の本能ですから、今のハルミさんの恐れや混乱は、とがめられるべきではありません。安心してください。

打ち合けてくれたことに対して、抱きしめてお礼を言えたのは、お嬢さんにとっては、とても大きな励みになったはずです。母親がどんな反応をするかと考えると、打ち明けることは本当に怖かったでしょう。勇気をもって打ち明けて、ハルミさんの愛情を感じ、どんなにほっとしたことでしょう。

同性愛者だから当たり前の結婚生活はできないだろうというのは、最近では違ってきています。同性婚も増えていますし、養子を迎えて、異性間のカップルと同じように育てるというのも、普通になってきています。ですから、ハルミさんにもお孫さんができるということは、充分考えられますよ。

やはり母親としては、そのために偏見や差別を受け傷ついたりすることが心配なのでしょう。でも、私たちを取り巻く社会は日々変わってきています。彼女を信じましょう。同性愛者ゆえにふりかかる困難なことがあっても、きっと乗り越えて、幸せになれると信じましょう。

ハルミさんは、動揺し混乱していますが、お嬢さん側は、何も変わっていません。変わ

ったことは、いまは、ハルミさんがそのことを知っているということ。その他は何も変わらず、これまでと同じように彼女は、あなたの娘です。そして、ハルミさんはこれまでと同じように彼女の母親です。

こどもに勇気が必要なとき、あなたがサポートできる

私のゲイの友人が、高校生のある日、自分はどうしても男性しか愛せないということを、両親に打ち明けました。お母様はその場で泣き崩れ、お父様はしばらく黙っていましたが、ゆっくりと言いました。

「お前がゲイであっても、私の息子であることには変わりはない。愛する息子であることには」

お母様も、泣きながらも頷いたそうです。これこそが、親の子を思う気持ちだと私は思いました。

そうは言っても、ハルミさんから夫に伝えるべきかどうかはわかりません。お嬢さんは、自分で打ち明けたいと思っているかも知れません。ハルミさんは、夫をよく知っているので、どんな反応を示すかは予測できるでしょう。もし、夫がネガティブな反応を示すと思えば、根回ししてあげましょう。いずれは受け入れられても、その瞬間はショックを抑えきれずに逆上するかも知れません。そう思えば、いまのハルミさんの気持ち、何があっても娘を受け入れたいという気持ちを、前もって本人から打ち明ける前に話しておくこともできるでしょう。

第三者に立ち会ってもらうのも良いかも知れません。第三者の前では、どんなに動揺しても、まず、一呼吸おいて考えることができると思います。同じ経験をしている友人がいれば、どう対応したのか聞いてみることもできます。いつかは伝えなければならないことですが、タイミングを選んでくださいね。

いつの日か、お嬢さんがパートナーを家に連れてきて紹介する日が来るでしょう。それは、ハルミさんが心から受け入れているかどうかのテストですよ。

いつか同性愛者であることを喜べる日が来ます！

愛は、それがどんな形でも、人間が与えられた一番素敵な贈り物であることを忘れないでください。受け入れる準備をしてくださいね。もし、彼女の選んだ人が、愛情豊かで誠実で娘を愛していたら、それは神の祝福です。腕を広げて娘の選んだパートナーを迎え入れましょう。それがお嬢さんにとって、ハルミさんからの何よりの贈り物です。

歴史の話を付け加えますと、太古の昔から同性愛者を受け入れていた文化がこの地上にあるのです。ハワイでは、同性愛者の娘と息子は家族に喜ばれる存在でした。娘は通常嫁に行き、夫側の家族と暮らしますが、同性愛の娘や息子は、ずっと家にいて、母親を支えてくれることが多いからです。また、芸術的な才能もあり、尊重されたのです。きっと私たちの社会ももうすぐそうなるでしょう。私は、そう思います。

専業主婦の自分は社会で価値がないのか

20代のうちに結婚し、二人のこどもに恵まれました。こどもが小さいうちは一緒にいてあげるのが一番という夫と義実家の意見もあり、これまでは専業主婦として暮らしてきました。でも、下の子も来年は大学生です。ようやくこどもから手が離れるので、まずはパートやアルバイト、派遣でもいいから働きに出たいと思いました。教員免許や秘書検定、チャイルドマインダー、料理教室の先生など、公的なもの、民間のもの含めて働くのに役立ちそうな資格も持っているのです。

そんな話を夫にしたところ、猛反対にあってしまい落ち込んでいます……。夫が言うには、「二十年近く働いていなかったお前に、責任のある仕事が務まるわけがない」「社会に出ても、他人様に迷惑をかけるだけ」「40代で就職活動なんて、雇ってくれる企業があるわけがない」ということです。

私は、なにも夫の何倍も稼ぎたいなどと思ったわけではありません。これまでお金の面では夫に支えてもらってきました。これからは私も、それに協力して少しでも夫の負担を減らしたり、夫婦の老後のための資金にしたりできればと思ったのです。

でも、夫の言葉を聞いて、私の考えていることは間違っていたのだろうかと悩んでいます。夫とこどものために専業主婦になった自分は、社会にとって何の価値もない女性でしょうか。

――40代女性・ナオさん

望むなら、迷わず働いてみるべき！

まず、これまでのナオさん、これからのナオさんを分けて考えてみます。これまでのナオさんは、家庭を守りこどもを育てるという仕事に専念してきました。こどもを育てるという仕事は、この世界で一番大切な夢のある素敵な仕事です。一つの命が生まれたときから、大切に育てていく。そのこどもは、次世代のリーダーになるかも知れませんし、人類のために役立つ人になるかも知れないのです。たとえ天才ではなくても、優しく思いやりがあり、良識があり誠実な大人になってくれれば、それは、社会への何よりの贈り物。ですから、**専業主婦であったナオさんは、社会にとって価値が無いなんて思わないでくださいね。**

さて、これからです。四十代のナオさんの人生は第二楽章に入ったところ。こどもが巣立ち、「空の巣症候群」を感じるころ。そんな時には、自分の直感に従うことが大切です。母親としての義務は全うしました。こどもも大学生として自分の生活を始めています。そこで、自分のためにこれから何をしたいのか、考えるときが来たと言えるでしょう。

家の外で働くことを望むのであれば、迷わずそうすべきです。夫が言うように、何年も仕事から離れていたのですから、最初から望んだとおりの仕事と報酬が得られることはないかも知れません。それでも一歩を踏み出せば、色々な資格を身につけてこられたのですから、少しずつ理想に近づいていかれることと思います。

いざ仕事に復帰するためには、物事がスムーズに進むように、取り計らいと準備が必要です。これまでと同じだけの時間を家事に使うことができなくなるからです。

夫の猛反対は、決してナオさんの能力を認めないということではないと思うのです。これまで、自分のため、家庭のためにしてくれていたことが、これまでほど完璧にできなくなる。それが心配なだけなのだと思います。そこで、一週間の仮のスケジュールを立てて相談してみましょう。どの時間を使って食料品の買い物をし、お料理は週末に作り置きするとか、ご主人の生活にできるだけ影響のない方法を相談してみてください。

私の周りの外で働いている女性たちにとって、多くの場合、報酬よりも、家の外で受ける刺激の方が大事なようです。

夫は、そのために自分の生活を変えなければならなかったり、不便になったりを心配していると思いますが、これまでの生活が長かっただけに、その気持ちも理解してあげてください。お互いのニーズを理解することができれば、歩み寄ることもできると思います。

時代は変わっています。現代の日本人女性は、母親の世代と同じように家庭に尽くすだけで人生を終わりたくないと思い始めています。グッドラック!! 頑張ってね。

「名前」は、誰もが持っている贈り物

この本の最初に、**「私のことは『クム・ケア』と呼んでください」**とお願いしました。伝統フラの継承者のことを「クム」と呼びます。「ケア」は私のハワイ語の名前の一部です。

私は、二つの名前を持っています。一つは、多くの方と同じく自分の両親からもらった名前**「パティ・ライト」**。そしてハワイ語の名前は**「ケアロハラニ・カプアロケオカラニアーケア」**です。

「ケアロハラニ」は、ハワイアンの男性からいただいた名前。ハワイに来たばかりの頃、彼が私の中にある自由で誰にでも分け隔てない愛情を感じ、そこから**「天国から降る雨、地上のものすべて、花にも雑草にも愛を注ぎ、祝福をもたらす」**という意味を込めてくれました。

「カプアロケオカラニアーケア」は、また別の方がつけてくれた名前。彼女はハワイのカフナ（ハワイ先住民社会の専門家）でした。「カ・プア・ロケ」はバラの花という意味です。バラは知らない土地にも根付いて育ちます。**ハオレ（アメリカ本土から来た白人）である私が、ハワイに根づき花開くようにと**。そして、「ラニ・アーケア」はフラの教えとハワイの文化を広め、**世界中の人々とシェアしていくという意味**が込められています。

日本のみなさんの悩みをうかがい、こうして一冊の本にまとめられたこと。そのご縁には、**私の名前に込められた意思の導きを感じます**。宝物のように大切なハワイの名前が、みなさんと出会わせてくれたのだと思います。

「名前」は世界中のほとんど全員が持っている贈り物《ギフト》。悩みを抱えて誰にも話せないときや、自分の人生が行き詰っていると感じるときに、名前に込められた願いや意思が導いてくれることもあるでしょう。自分や友達が、新たに名前の意味を見出すこともあるかも知れません。困ったときにはぜひ私に語りかけていただきたいですが、それが叶わないとき、あなたが持つ名前との対話にトライしてみてはいかがでしょう。

答えは意外にも、いつもあなたのそばに寄り添っていてくれるのです。

第3章

働く女性たちへ

愚痴・悪口ばかりの同僚にイライラしてしまう

毎日イライラしてしまうことがあります。毎朝出社すると、近くの席の男性社員と女性社員が、二人でずっと誰かの悪口や仕事の愚痴を言っているのです。何もかも自分たちが正しいと言わんばかりです。

自分とは関係ないとはいえ、誰かが馬鹿にされる話を聞くことや、ずーっとネガティブな話題が続く環境にいることに気が滅入ります。「どうして周りに気を遣えないのだろう」「学生じゃないんだから……」と思うと、イライラがつのってきます。それに、こんなに悪口が大好きな人たちなんだから、私がいないときには私の悪口を言っているかもしれないと思うと、なんだか怖いです。

彼らの悪口、愚痴を注意するべきでしょうか。それとも、私も彼らの話を楽しんだり、あるいは気にしないようにしたりするべきですか。

彼らを止めるのは無理なこと

――30代女性・リサさん

英語の古いことわざがあります。

「偉大なる精神の持ち主は、アイデアや楽しいできごとについて話す。心の狭い人たちは、他人の噂話をする」

確かに職場で悪口や愚痴ばかり言っている人がいるのは、気持ちが良いことではありませんね。でも、口で言って止めさせるのは、無理なこと。すぐにできることがあるとしたら、影響を受けないようにすることでしょう。リサさんには、その力があるはずです。そして、実はそれが一番パワフルなの。

それから、「私がいないときには、私の悪口を言っているのでは……」という心配は捨てましょうね。それは何の意味も持ちませんから。

逆にこう考えたらどうかしら？

「私のことを話しているわけないわ。そう心配すること自体が『うぬぼれ』だから、捨ててしまおう」

そう思えば、心が楽になるでしょう。

そして、自分の性格やどんな人間なのかをはっきり意識してくださいね。そうすれば、もし仮に誰かがあなたのことを噂しても、そのことで傷ついたり侮辱されたりしない自分ができます。

あなたには優しい心の持ち主でいてほしい

たとえば、誰かがあなたのことを「未熟者」と言っているのが聞こえてきたとしましょう。自分でそれが事実でないことを知っていれば、大丈夫です。確かに腹は立ちますが、信用できない誰かの評価よりも、自分が「私は未熟者ではない」と信じられることのほうが大切です。

あるいは、見方を変えれば、自分を見つめ直す良いチャンスかも知れません。内面を見つめて、「確かに私にはそういうところがあるな」と思えるようでしたら、それは、自分を高めるとても良い機会を与えられたということ。傷つくのではなく、むしろ喜ぶことです。

絶対に悪口に参加したり同調したりしないでください！

話に加わるように誘われたときには、悪口の対象になっている人の「良いところ」を話してあげましょう。ポジティブに誰かのことを思い話すとき、それはアロハの光となって、周りの人の持つ闇の部分を照らし、ネガティブな心は消えて行きます。

それができれば、悪口を言っている人たちを拒絶することなく、噂話を止めさせることができます。ポイントは、上から目線になることなく、謙虚な姿勢で、「私は、○○さんのこんなところが良いと思う」と言うこと。あなたが周りの人を大切に思うポジティブで優しい心の持ち主であることを知ることになり、悪口を言っている同僚たちにとても良い影響を与えることになります。アロハの心はものすごい速さで広がっていきますから、リサさんの力でアロハにあふれた職場が出来たら、何て素敵なことでしょう。ハワイからそれを祈っています。

残業を断れない私にアドバイスをください

平日の十時から十五時まで、お弁当屋さんでパートタイム勤務をしている主婦です。いつも楽しく働いているのですが、ひとつだけ悩んでいることがあります。それは、私が残業を断れないということです。

店長は、小さいお子さんがいる主婦を優先的に帰しています。私のこどもは中学生です。「お子さんが大きいから、おうちにお母さんが必ずいなくても、ちょっとくらい大丈夫ですよね」と言われ、他の人がやらない部分の掃除やお金の管理をしてから帰ってきます。いつも一時間程度、長いときでは二時間ほどの残業がある状態です。なのに、「他の人のお給料と不公平になるから」という理由で、残業代はほとんどつきません。

仕事で人の役に立ちたいという思いはあります。でも、一時間も二時間も残業するのは、正直困ります。断って働きづらくなるのも困ります……。はっきりと「今日は帰ります」と言えない私が悪いのですが、断れない私にアドバイスをもらえないでしょうか。
――40代女性・カエデさん

何が嫌なのかを知り、ポジティブに提案する

私がフラのイベントで日本に滞在するとき、準備の段階から大勢の日本人がイベントやワークショップがうまくいくように働いてくれています。旅程を立て、会場の手配をし、プログラムを作り、当日は会場で準備から後片付けまで、全く時間を気にせずに、最後まで満足いく仕事をしようと尽くすみなさんに、私は心から感謝しています。きっとそのために何かを犠牲にしていて、カエデさんと同じように個人的なニーズがあるのに、言い出せないこともあると思うのです。

そんなときには、自分のためにわがままになっていいのですよ。女性には、「人を喜ばせたい病」がDNAに刻み込まれていて、中々「NO」と言えません。必要なときには自分のためにNOと言えるように「心の筋トレ」をして、ほんの少し心を鍛えましょう。

さて、カエデさんのいまの状況では、やはり店長さんにきちんと気持ちをお伝えするべきでしょう。「相談したいことがあるのですが、ご都合の良い時間を教えてください」と話しかけ、時間を作ってもらいましょう。

私が思うには、毎日残業するのが嫌なのではなく、その分無報酬のいわゆる「サービス残業」になってしまうのがつらいのですよね。もし、帰りが遅くなることで何かを犠牲にしているのであれば、その旨を話して断れば良いでしょう。もしその時間がプラスの収入になれば満足ならば、勇気を出して交渉しましょうね。

「店長、幼いお子さんのいる女性を早く帰してあげるというご配慮はとても素敵です」と、ポジティブなコメントから始め、勤務時間の少ない人たちと同じ報酬なのは、不公平に感じていることを伝えましょう。それでわかってもらえれば、嬉しいですね。

お金を払うのは無理と言われたら、別の提案をしなければなりません。お店にとってもカエデさんにとってもＷｉｎ《ウィン》－Ｗｉｎ《ウィン》になることを考えましょう。

・一週間のうち毎日では無くても、スタート時間を二時間遅らせてもらう
（そうすれば、午前中に余裕ができるので、用事を済ませられます）
・毎日の残業時間を記録して、五時間（一日分）になったら一日お休みをいただく

私が思いつくのは、このくらいです。どんなときでも、ポジティブにアプローチしてくださいね。どれもできないようでしたら、数日後にもう一度話し合いたいと申し出てください。即決できないかも知れませんので、少し時間をおいて考えてもらいましょう。その後は、ずるずる先延ばしにしないで、必ずフォローしてください。

そして、結論が出るまでの間、イキイキと仕事をしていれば、きっとカエデさんの仕事で人の役に立ちたいという気持ちが伝わるはず。店長さんもスタッフが幸せであることはお店にとっては大切な財産だと気づいてくれるでしょう。そして、店長さん自らが公平で合理的でありたいと思えれば、必ず良い結果になるでしょう。グッドラック！

仕事の成果を奪われ怒っています

クム・ケア、こんにちは。私には、いま怒っていることがあります。聞いてもらえますか。

私の仕事は、証券会社の営業職です。企業への営業も多く、ときには大きな金額の契約をいただくこともあります。女性ならではの気遣いを活かそうと思い、お客様の不安を取り除いたりアフターケアを手厚くしたりと、自分なりに考えて働いてきました。

昨年、部署の営業成績を大きく伸ばすような契約を結ぶことができました。達成感でいっぱいでした。でも、上司に「この成果は、君の同僚の○○くんのものということにしてほしい」と言われたのです。私は一昨年結婚しました。だから、これから産休を取ったり退職したりする可能性があると、上司は言います。つまり、私は出世が難しいのだから、出世の可能性がある○○くんの成果にしたいということです。

私は拒否しましたが、結局同僚の成果になってしまいました。賞与はもらえました。でも、どうしても納得いきません。結婚してもバリバリ働きたい、出世もしたいと思っていたのに、あまりの悔しさに、最近は仕事が手につかない状態です。

――30代女性・マチコさん

あなたは高い志の持ち主。最善の方法を

これまで何度となく日本を訪れましたが、ここ数年で特に感じているのは、日本の女性たちに静かな革命が起こっていることです。キャリアウーマンとして、会社でも高い地位を手に入れる女性が増えているように感じます。もちろん、仕事をとるか家庭をとるかの選択を迫られる女性もいますし、仕事と家事のバランスに悩む人もいます。結婚して仕事を続けていくには、家事や子育てを分担してくれる夫の協力も必要です。とても残念なのですが、今でも、女性は仕事か家庭のどちらかを選択するべきだという考えの経営者が多いようです。もし、上司がそういう考え方の人であれば、それを変えることが難しいのは事実です。しかし世の中では、ものごとが少しずつですが、確かに変わり始めています。

ただ、完全に変わるには、一世代以上かかる場合もあります。

マチコさんの上司は、女性は結婚したら妊娠して、産休を取って復帰をするか、出産を機に退職するかも知れないと思っているのですね。最初から出世など望んでいないと決めつけているのでしょう。難儀とは思いますが、一からもう一度話し合う機会を求めてみてください。そうすることが、上司にとっても良いことだと私は思います。

口頭で言いにくければ、上司宛にレターを書くことはどうでしょうか？　そして、話し合いの時間を作ってもらいましょう。

その時には、将来産休をとることになっても、その後は必ず職場に復帰し、会社の業績向上に貢献し、昇進することも望んでいると伝えてください。昨年、良い仕事をし、それが同僚の成果になったときには、がっかりしたことも伝えましょう。

自分の成果を人に取られるということは、男性同士でもあることですね。そこで、「もし、あなたが自分の成果を人に取られたらどう感じますか？」と直接上司に問いかけても良いでしょう。そして、今後も同じように会社と所属部署の利益になる仕事をしていきたいことをわかってもらう努力をしてください。マチコさんの誠意が伝わることを期待しています。

お互いにとって、良い方法が見つけられるように導かれれば良いですね。

さて、満足できる解決策が見つからなかったらどうしましょう？ まず、何日か後にもう一度会えるようにアポイントメントを取り、諦めずに、必ずフォローしてくださいね。

それでもダメなら、そのまま勤めるか、別の会社に転職するかを決めなければなりません。もし、転職することにしたら、オファーをもらったときに、出産後も仕事を続けたいという条件と仕事に対するマチコさんの高い志を、新しい雇用者には最初からはっきり伝えましょう。頑張ってください。

キャリアか結婚、どちらか諦めるべき？

高校生の頃から「これからは女性も自立して、自分で食べていく時代だ」と思っていました。勉強して国立大学に入り、在学中もボランティアや学生団体の活動、企業のインターンなど、勉強はもちろん就職のために色々な活動をしました。

そして、志望していた外資系企業に入社。激務ではありますが、趣味のフラも続けられているし、同世代よりも責任のある仕事をして年収も高いです。充実していて、先輩たちのようにこれからどんどん大きな仕事をしていきたいと思っています。

その一方で、いつか結婚したい気持ちもあります。友人に紹介してもらったり、忙しい合間を縫って合コンに参加したりしているのですが、上手くいかず。友達には「ナツミは高学歴、高収入だから、男性が引いちゃうんじゃない？」と言われました。

男性に好かれるためには、女性は高学歴、高収入ではいけない。女性は男性より一歩下がって、立ててあげないといけない。そんな風潮が、いまだに日本には残っているようです。**私は、結婚かキャリアかどちらかを諦めなければいけませんか？**

――20代女性・ナツミさん

いま、女性は革命の最前線にいる！

ナツミさんは、先進国のどこでも起こっている文化革命の先端にいるのです。アメリカでは、第二次大戦中に女性がそれまで男性のしていた仕事をすることになったので、日本より進んでいるかも知れません。大戦中は、男性が国の外で戦い、女性は飛行機工場や戦車工場で働いたのですよ。それまで男性しかしていなかった仕事をしなければならなかったわけ。その頃は、女性が家の外、それもそれまで男性だけの職場と思われていた場所で働くことは、とても新しかったのです。

そして、終戦後もその流れは続いていったので、女性が外で働くのはさほど珍しくはなくなりました。そして、企業のリーダーシップまで登る女性も増えています。まだ完璧に同等とは言えませんが、日本よりは女性の地位が高まるのは早かったかもしれません。

日本も確かに変わってきていると思います。でも、男性支配の時代がとても長かったから、日本では一世代か二世代かかって本当に変われるのかも知れません。ですから、ナツミさんはパイオニアです。最前線に立って頑張っている女性です。

男性について一つ秘密を教えてあげましょう。強がりを言っても男性は、実は、とても傷つきやすくて壊れやすい生物なのですよ！　彼らは簡単に傷つきます。職場では、自分が重要な存在だと思っていたい。そばに優秀な女性がいたら脅威を感じてしまうのです。女性を自分の下に置いて安心します。「少なくとも女よりは優秀だ！」と思いたいのです。それは、自分のエゴを守る最後の砦みたいなもの。本当は、自分の考え方を変えなければならないのですが、それがなかなかできないのです。

弱い自分を見せられる相手となら パートナーになれる

それでは、ナツミさんのように高度な教育を受け、しっかりとした考えのある女性はどうしましょう？ 友人の言葉に傷つきながらも、今の日本の環境での自分の立ち位置を認識し始めているはず。嬉しいものではないかも知れませんが、それがわかれば、解決策は見つかるものです。

たとえば、結婚するならどんな男性を求めているのかしら？ たぶん、自分の能力にそれなりに自信のある男性でしょう。女性と付き合うとき、男性は自分が彼女にとって何らかの価値があると思いたいもの。親しい女性の問題を解決してあげたいのです。

つまり、あなたが弱っているとき、助けてあげたいというよりは、頼りにされたいということ。だから、か弱い女性が好きなように見えてしまうのですね。ナツミさんは、自分で何でもできる女性です。それでも自分に素直になったら、誰かに支えてもらいたいもろい部分もあるでしょう。ナツミさんに惹かれる男性は、あなたの人格全体図の中で自分がどこに位置するのかと考え、必要としてほしいと思うでしょう。あなたの中に、自分の住める場所を見つけたいのです。

ナツミさん、自分の弱さを人に見せるのは怖いですね。そして、傷つくことがとても怖いのでしょう。でも、お互いに惹かれる相手に出会ったときには、弱い自分を見せてはじめて真のパートナーになれるのです。そのときの相手の反応は、ナツミさんの望むものではないかも知れません。

たとえ傷ついたとしても、必ず回復できるという自分の強さを信じてください。たとえハートブロークンになっても、必ずそこから成長することができるはず。そんな自分を信じてください。きっとあなたにとって一番必要な男性に巡り会えるでしょう。

「全部を手に入れたい」と思うことを怖がらないで！

これは、一昔前のおばあさんの見解かも知れないけれど、結婚相手を待てば待つほど、ご縁は遠くなるようです。結婚可能な男性の数が少なくなるのです。

だからといって、早いうちに妥協して誰とでも一緒になればいいと言っているのではありません。それが大きな間違いだったということもあります。結婚するだけが幸せではありませんが、まだ20代のナツミさんが結婚かキャリアのどちらかを諦めなければならないことは、絶対にありません。

まず、自分の価値を見つけてください。ナツミさんが好きと思える男性に会って、交際したいと思うとき、相手に何をオファーできるか考えてみてください。ナツミさんは、たまに寂しいときがあるかも知れませんが、独身で通しても大丈夫なはず。一番いけないのは、焦ることです。焦った女性から出るエネルギーは、男性を死ぬほど怖がらせます！

自分自身を高めましょう。フラは続けてくださいね。その他にも自分が楽しんでできる活動を見つけて、それを人生のメインストリームにしてください。婚活は二の次にしましょう。ワインテイスティングや料理の教室、読書会などに参加するのも良いでしょう。ジムに行ってトレーニングするのも、ヨガのクラスに参加することなども人に出会う機会を与えてくれるでしょう。何かに打ち込んで輝いていれば、あなたの魅力に気がついて、近づいてくる男性が現れるでしょう。人生には、いろいろなことが起こります。その人は、あなたと一緒にそんな人生の旅に出るための準備をし、幸運ならば、それからもずっと幸せが続くでしょう。

キャリアと好きな趣味と一緒に生きていくパートナーの全部を手に入れることは、できると思います。

セクハラ、パワハラに抵抗するのが怖いです

日本でも、近年「セクシャル・ハラスメント」「パワー・ハラスメント」という言葉が知られるようになってきました。でも、私が働いているアルバイト先の二十～四十代の男性たちは、「これはセクハラじゃないんだけどね」と前置きをして、私や他のアルバイトの女の子に性的な言葉をかけてきます。

最初は、他の女の子と「嫌だね～」「最悪～！」と愚痴を言って、笑って流していました。それで許されると思わせてしまったのか、男性たちのセクハラはもっと酷くなりました。恋人とのプライベートなことを詮索された子や、直接身体を触られた子は、つらくなってアルバイトを辞めてしまいました。次は私の番かと考えるとアルバイトに行くのが怖くて、私ももう辞めようと思っています。

本当は、毅然と「失礼ですよ」「それはセクハラですよ」と言えたら、辞めた子のこと

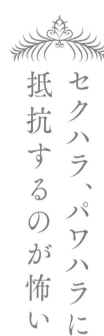

も守ってあげられたのかもしれません。でも、自分よりも年上の男性に反論するのは怖い、という気持ちもあります。年上の男性、立場の強い人からハラスメントを受けたとき、どんな態度をとるべきでしょうか。

——10代女性　エリナさん

「不適切」で「失礼」という感覚を忘れないで

あらまあ、日本の男性は‼

若い女性にはエリナさんが言っているような嫌がらせをして、30歳を過ぎた女性には「おばさん」なんて、平気で口にするそうですね。

今、世界中が、男性に支配されている社会から抜け出そうとしています。職場での女性の地位が大きく変わろうとしています。

昔は、女性は夫や恋人の「所有物」でした。それから時間はかかりましたが、「大切に

される べき存在」になり、近年やっと男性と同等にリスペクトされるようになったのですよ。

そんな時代の流れについていかれない男性たちを、私たち女性が教育しなければなりません。この新しい世の中で、女性をどう扱うべきかの再教育です。

不当な扱いを受けたときには、女性ひとりひとりが、見逃さずに、毅然と言うべきことを言わなければなりません。十代のエリナさんにとってはとても難しいけれど、勇気を持ってください。「恋人のプライベートな生活を詮索される」は「性的暗示」、「体を触ること」は、「性的いじめ」という具合に、それぞれの行為には、名前がつきます。そして、その一つでも起こったときには、全く「不適切」であり、「失礼」であることを言いましょうね。それは、同じ職場で働くものとしては、当然のことです。職場では、男性女性の区別があってはなりません。

特に体を触られたら、「同じ職場で働く者として、絶対に許せません。止めてください」とはっきり言いましょう。

もっと直接的に言わなければならない場合もあるかもしれません。「私の体に手を触れないで！」とか、「本当に失礼です！ 二度としないで！」と言わなければならないときもあるでしょう。それでも相手が止めなければ、「しかるべき人に報告します」と伝えます。

性的なことを言われて文句を言えば、男性たちは、「からかっているだけ」と言うでしょう。「からかわないで、真剣に対応してください。私にとっては、本当に許せない行為です」と言いましょう。

そのときに言わずに後から言うと、「そんなつもりではなかった」が常套句《じょうとうく》です。ですから、その場で言わなければならないのです。

「あなたはたったいま、こう言ったのですよ」と、彼の嫌がらせの言葉をそっくりそのままを繰り返し、「あなたがこう言われたらどう思いますか？」と問います。

また「冗談だよ」と、冗談を理解できないあなたが悪いような言い方をされることもあるでしょう。そのときは、「ちっとも面白くない冗談です。誰も笑っていないでしょ。二度とそういうことは、言わないでください」と言えるといいのですが。

さらに「いじめ」は、色々な形で現れます。いじめることで、あなたをコントロールしようとする男性もいるかも知れません。そのときには、その瞬間にはっきり直接言いましょうね。

「私をいじめる人は何が何でも許さない！」

相手もあなたも最初は「いじめ」とは思わなかったかも知れませんが、つきつめてみると「いじめ」は、そこここで起こっています。職場での「いじめ」は、絶対に許してはなりません。

あなたの毅然とした態度に、男性は感情的になり、自分を正当化するためにあなたを拒絶し、怒り出すかもしれません。その感情の渦に巻き込まれないようにしてください。冷静に、職場ではひとりひとりが性別に関係なくリスペクトを持って扱われるべきであると、静かに主張してください。男性は、プライドを傷つけられたと思うかもしれませんが、それもいつかは過ぎます。そして、繰り返し言わなければならないこともあるかもしれません。しかし、これは、男性たちが新しい世の中の流れについていくためには、学ばなければならないことなのです。

男性を教育する……これは女性の新しい役割であり、決して簡単ではありません。レディのようにふるまいながら、正しい扱いを要求する方法を学んでいきましょうね。この地にしっかりと立ち、正しいことをはっきりと言えるようになりましょう。

仕事を続けることは家族に迷惑ですか？

こどもの頃からの夢だった保育士の仕事をしている40代です。夫と、30代後半で産んだ5歳の息子と暮らしています。私が仕事をしている間は、息子は保育園に行ったりベビーシッターに面倒を見てもらったりしています。

先日、夫のお母さん（姑さんですね）から突然、「夫と息子に迷惑をかけないで」「自分の息子よりも、他人の家のこどもが大切なのか」と言われました。私には突然に感じられましたが、姑にとっては以前から気になっていたことなのかもしれません。

私が働いていることを、夫や息子が嫌がっていたのかと思い聞いてみました。夫は「そんな風に考えたことはない。高齢出産で苦労もしたのに、働き者で家事もしてくれて、本当に助かっている」と言ってくれました。でも、気を遣ってくれているだけで、姑には不満を言っているのでは……と、不安で夫を信用できません。何を信じたらいいのか、働くことは家族に迷惑なのか、わからなくなってしまいました。

――40代女性・ジュンコさん

あなたが幸せでいることが家族への贈りもの

ジュンコさんからお子さんへの一番大切な贈り物は、幸せで満足しているお母さんでいてあげられることです。ずっとこどもと家にいることが、そのまま幸せなお母さんとは限りません。それどころか、家にいること自体がストレスになり、充実感を得られない女性は大勢います。不幸せなお母さんと一緒にいるというのは、お子さんにとっても良い環境とは言えません。

家族を持ち、こどもを育て、家事もして仕事もすることは、簡単なことではありません。でも、ジュンコさんのお話からは、夫が精神的にサポートしてくれているように感じられます。「本当に助かっている」ということばに嘘は無いと私は思います。

大切なのは、母親がこどもと過ごす時間の長さではありません。クオリティタイム（質の良い時間）を過ごすことです。ジュンコさんも夫も、１００％こどもと接することに専心する時間を持ってください。お子さんと一緒にいるときに、お子さん以外のことは一切考えない時間を作るのです。一日に二十分でも三十分でも良いのです。一緒にテレビを見たり遊び場に行く時間とは別に、お子さんと一対一で目を見つめながら、その日どんなことがあったのかを、聞く時間を作ってください。

夜寝る前の時間もこどもとの絆を強めることに使えます。本を読んで聞かせたり、ご主人と代わりばんこでこどもとの特別な時間を楽しんでください。愛と平安に包まれて一日を終えることは、こどもへの最高の贈り物です。

また、良い保育園を見つけられれば、こどもは小さいときから他のこどもたちと接するスキルを学べます。こどもは、母親がいない時間があっても、必ず戻ってくると知っているので大丈夫です。

人生のどのステージでも、バランスをとるということが必要不可欠です。夫と協力しながら、こどもの成長を見守り育て、家の外での仕事も続けられれば、それこそが、お子さんへの一番の贈り物です。

ゴミ捨てだけで「家事やった」という共働き夫

「仕事と家庭、どっちが大切なの？」と聞かれたら、クム・ケアならどう答えますか。

うちにはいま、産まれて10ヶ月になる赤ちゃんがいます。とても可愛い反面、育児は本当に大変です。さらにつらいのが、夫が家事、育児は完全に私の仕事だと思っていることです。

夫も赤ちゃんを可愛いと思ってくれています。でも、ご飯を作って待っていても、連絡もせずに仕事を理由にお酒を飲みに行ってしまうことがあります。赤ちゃんが夜泣きしても起きてくれません。おむつの替え方も知らないし、休日には自分の遊ぶ予定が優先。ゴミ袋を収集場所に置いてきただけで「俺、家事やってるよね！」と自慢げです。

私だって、こどもを産む前は一生懸命に働いていました。会社の人や友達とお酒を飲みに行ったり、夜中に好きな映画をゆっくり見たりすることも好きだった。いまは、そんなことできません。夫は平気で遊びに行っているのに……。

赤ちゃんを可愛くて大切だと思う反面、私は夫にも誰にも大切にしてもらえない存在なんだと思い、悲しくなってきます。夫に、仕事と家族、両方大切にしてもらうことはできないのでしょうか。

——20代女性・モモカさん

夫は変わらない。自分の人生を慈しみましょう

モモカさん、夫を変えることはできません。自分の力でコントロールできるのは、自分自身だけと思ってください。私も若い母親だったとき、モモカさんと同じ状況でした。一つ違ったのは、私の夫は、夕食だけには家に帰って来ました。それ以外の時間は、独身時

代と少しも変わらず、仕事に行き、ゴルフをし、家族を経済的に支えるのが彼の役割で、家庭を守りこどもを育てるのが、私の役割だと考えていたのです。
私は、いつも見放されたような寂しさを感じていました。

私は、随分早い時期に、夫が変わることを望むのを止めました。そして、どうしたら私にとっての素晴らしい人生をクリエイトできるかと考え始めました。まず、こどもが生まれる前に好きで楽しんでしていたことを一つ一つ思い出してみました。すると、その中には、家の中や近所で、子育てしながらできることが幾つか見つかりました。私は自分の手で何かを作るのがとても好きなので、手作りプロジェクトをリストにして実行しました。近所にママ友もでき、お互いの家で集まってこどもたちを遊ばせるようにもなりました。私は、お裁縫が好きなので、自分の服を縫ったり、こどもたちのために可愛い小物を作ったりしました。クリスマスなどの休日の前には、飾りつけをしました。

こどもたちと一緒にできることも増えていきました。パンやケーキを焼いたり、近所の森に散歩してベリー類を摘み、ジャムを作ったりもしました。愛する人たちのために美味しいものを作るのは、わたしの「アロハ」を伝える一番の方法です。こうして私の何でも手作りし、創造する力は満たされていきました。その上、家族も私も美味しいものを食べられるのですから良いことばかりです。

子育てで一番大変なときは、驚くほど早く過ぎます。こどもが学校に行くようになれば、自分の時間が増えてきます。私は、いろいろな団体に参加しました。

いま、私は、私の夫はなんて損をしたのだろうと思います。こどもたちと過ごせた時間は、後から思えば、人生で最も貴重なほんの一瞬の時間だったのです。

寂しさを埋める方法を見つけながら、私は、「幸せなお母さん」になりました。

他人をコントロールすることはできません。自分だけはコントロールできるのですから、「幸せなお母さん」になる方法を自分なりに見つけてください。

これは余談ですが……。離婚した夫は、誰にも看取られずに亡くなりました。こどもたちと意味ある親子関係を持つことは一生無かったのです。可哀想ですが、それは、彼自身が招いたことです。モモカさんの夫にこのことを伝えてもいいかも知れませんね。考えを変えてくれるチャンスはあるかも知れません。

非正規雇用、不安定な将来が心配

身体に不調があり、正社員で働いていた銀行を20代後半で辞めました。体調が落ち着いた頃に、今度は派遣社員としてまた銀行で働き始めました。

職場で同世代の女性が正社員で働いているのを見ると、「病気にならなければ、私にもこんな未来があったのだろうか」と、少し寂しい気持ちになります。日本では、派遣に関する法律や派遣社員を取り巻く状況がどんどん変わっています。それに、若い女性に比べて年を重ねた女性は採用されにくい風潮もあります。

三年後、五年後、十年後に、いまと同じように働くことができるのかとても不安です。不安から、色々な資格を取ろうとしてしまい、恋人に「その資格、本当に必要？ 無駄遣いじゃない？」と指摘されることも。でも、こどもを産んだり家を買ったりすることを考えると、私も何らかのかたちで働き続けなければいけない、と思うのです。**不安定な将来**

への不安を、どうしたら取り除けるでしょうか。

――30代女性・ヒトミさん

プランを練って行動してみましょう

ヒトミさん、将来への不安を取り除く方法があるとしたら、それは、長期的なプランを立てること。今は犠牲を払っているように思えることも、長い目で見れば、ヒトミさんが望む将来図にフィットすることもあると思うのです。20代で体調を崩されて回復できたこと、良かったですね。今後も無理することなく安定した仕事と収入が得られることが望ましいですね。そのためには、ここで立ち止まって将来のプランを立ててみましょう。

日本にもファイナンシャルプランナーというお仕事の人はいるでしょう。個人の経済状況を分析して、一緒に長期的な資金計画を立て、アドバイスをする職業の人です。お友達に紹介してもらえれば、プロのプランナーに相談するのも良いと思います。今の収入から、どれだけ将来のために貯金や投資をしておくべきかなどが分かってきます。将来が不安ならば不安なほど、早い時期に相談し、早く安心できるようにしてください。

「派遣」で働くメリットは、色々な種類の企業を経験できるということです。何社かを経験すれば、その中には、「この会社の正社員になりたい」と思えることがあるでしょう。そのときには、臆せず採用担当者との面接のアポイントメントを取ってください。その会社の仕事にとても興味があり、空きができたときには、ぜひ正社員にしてほしいという希望をはっきりと伝えるのです。

もし今は空きがないのであれば、そのときに備えてどのようなスキルを身につけるべきかを質問してみましょう。その企業にとっての役に立つ人材になるには、何が必要なのかを知れば、はっきりとした目標ができますね。それは、たとえその会社に勤められなくても、他社でも役に立つスキルになるでしょう。ボーイフレンドに指摘されるような「この資格が本当に役に立つのかしら？」という不安も無くなります。

そして、月に一度は「どうでしょうか？」と連絡し、必要とされるスキルのトレーニングの進捗状況も伝えます。

その会社にとって役に立つ人材になろうという努力と熱意は、きっと伝わることを信じて、諦めないでください。

ヒトミさんに必要なのは、長く続けられる正社員としての仕事です。安定した職業を得るために色々な資格にも挑戦なさっている。自分を高めたいという姿勢はとても素敵です。

オフィスには、色々な政治や駆け引きがあります。派遣で勤めていると職場でのスタッフの不平不満などが聞こえてくることもあるでしょう。ネガティブなこともあると思いますが、相手にしないで、自分の長期の目標だけを考えて邁進《まいしん》してください。将来の経済的安定のために投資や貯金をすることも考えてください。お給料から自動的に引き落とされる貯金をするのも良いですね。そうすれば、そのお金は無いものとして、他のものに使ってしまわずに残っていきます。最初に戻りますが、長期的にプランを立てることができれば、今の不安はきっと解消されるでしょう。頑張ってくださいね。

第4章

未来を悲観しないで

老いていく親に私は何ができますか？

40代、東京にある外資系企業で管理職をしています。結婚や出産で女性のキャリアは止まってしまう。私は仕事を選びました。「結婚しないの？」「行き遅れ」と心ない言葉をかけられることもありましたが、自分のやっている仕事や東京での暮らしに満足しています。心配なのは、九州の田舎でふたり暮らしをしている両親のことです。父も母もあと数年で80歳になります。今は元気ですが、いつ大きな病気になるか、倒れるかと不安がありま す。最近は、高齢者を狙う詐欺や強盗殺人のニュースを見ては、人の良い両親の顔を思い出し震えています。

とはいえ、仕事を続けたい、まだ出世したいという自分の気持ちを考えると、九州に帰る気は起きません。東京に両親を呼ぶ？ 施設に入ってもらう？ どちらも両親は嫌がるでしょう。仕事のように「効率」や「合理性」だけで割り切れないのが家族の問題ではない

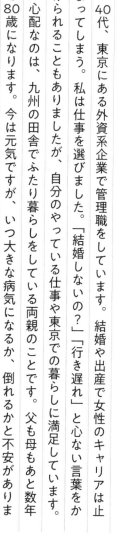

でしょうか。老いていく親に、私は何をしてあげれば安心できるのでしょう。
――40代女性・サオリさん

親が選んだとおりに、とはいかない問題なのです

男性女性にかかわらず、サオリさんの年代が置かれている状況を「サンドイッチ現象」といいます。年老いていく両親の心配と何か別のモノとの「板挟み」になって悩んでいる年代のことです。もし、こどもがいれば、まだ独立していないこどもの世話と親の世話が同時期に必要になることもありますし、サオリさんのように、まさに働き盛り、続けたいキャリアとの板挟みになる人もいるでしょう。

目覚ましいほどの医学の進歩のおかげで、80代、90代になっても元気で暮らしているご夫婦は大勢います。このような時代の解決策は多様で、決して一つではないと思います。

両親が年老いて介護が必要になったとき、経済状況、つまり「いくらお金をかけられる

か」ということは、対処方法を決める大切な要素です。ホームケアか施設に入るかなどの選択肢があります。

人が老いると、それまで簡単にできていた食事の支度という作業も、難しく危険になります。自分で食事の支度をするのが面倒になれば、栄養価の高いものを食べなくなり、低栄養を引き起こします。また、料理をすること自体が危なくなります。祖母が年老いたとき、家に行くと、ガス台の周りに油がこってりとついていて、キッチン火災を起こす寸前でした。それに、冷蔵庫の中には、腐りかけた残り物がいっぱい詰まっていました。

そこで、私の両親は、「誘拐」同然に祖母を自分たちの家に連れて帰りました。両親もすでに退職していたので時間は充分にありましたが、日に日にケアが大変になっていきました。そのため、あるとき、完全ケアの施設を探すことにしました。幸運にも、祖母のニーズの全てが満たされる施設を見つけましたが、そのどれをとっても祖母本人が選んだことではありません。

私の両親は、退職後の豊かな生活を維持しながら、祖母を施設に入れる経済力がありました。そして、自分たちは、前もって退職後の生活プランを詳細に立てていましたから、私たちこどもに頼ることはありませんでした。夫の両親もそうでした。彼らは、充分元気なうちから、将来は介護付き施設に入ることを選択していました。ですから、私たちがしなければならないのは、亡くなった後の持ち物の整理と家を売ることだけでした。

自分の生活を大切に。そして、親のために子が決める

さて、私も85歳です。夫と私は、こどもに負担をかけない今後のプランを立てています。それができるというのは、とても幸運なことです。

人生には、自然のサイクルがあります。赤ちゃんのときは全て親にしてもらい、少しずつ自立していきます。そして、大人になったら、人の世話をするようになります。こどもができれば、こどもの世話、年老いた両親の世話もあります。そして、歳を取れば、生まれたときと同じように自分でできないこと増えていき、他人の世話になる。これは、自然なことなのでしょう。

でも、サオリさん、忘れないでください。サオリさんにはサオリさんの生活があります。自分自身の生活と経済の土台と健康を守ることが最優先です。お仕事があるのですから、お金は稼ぎ続けた方がいいことは確かです。経済的な土台が崩れてしまえば、結局、ご両親のために何もしてあげられません。

そのときが来たら、ホームケアができればそれで良いのですが、そうでない場合は、施設を探さなければなりません。その場合は、サオリさんの家の近くが最適です。必要なときにはいつでも行って、精神的にサポートしてあげられます。施設を選ぶのは難しい選択かもしれませんが、実情をよく考えて最適な方法を選択してください。それが、必ずしも本人たちが望むことではなくても、ニーズを考えて、お互いに一番良いと思われる方法を、ご両親に代わって、サオリさんが責任もって決めることになります。それがご両親に対する務めです。

こどもの安全が心配で過保護になってしまう

中学生の娘を持つ母親です。私はいわゆる「箱入り娘」でした。小学校から私立の学校に通っていて、中学校から大学までは女子校でした。親も先生たちも、私たち女子生徒の安全をいつも気にかけてくれていたものです。そんな大人たちの心配を、当時は私も窮屈に感じていました。でも、今となっては事故や犯罪に遭わずに学校生活を送ることができたのは、大人たちのおかげだと感謝しています。

夫や義実家の希望もあり、娘は公立の共学校に通っています。私は、自分と同じようにケアの手厚い女子校に通ってほしかったのですが、経済的理由で叶いませんでした。時々、男子生徒からからかわれたという話を聞きます。また、通学路付近に変質者や不審者が現れたという連絡が入るたびに、めまいがするほど心配になって娘にしつこく「気をつけて」と注意してしまいます。防犯ブザーだけだは不安で、GPSやICレコーダーを買うことや、格闘技を習わせることも検討しているほどです。「お母さんは心配しすぎ！」と、娘に叱られます。私があまりに心配するので、最近は学校であったことをあまり話してくれなくなってしまいました。確かに心配しすぎているかもしれません。でも、親や大人はこどもを守りたいと思うものです。私はおかしいですか？

――30代女性・ミサキさん

「恐怖」からは何も生まれない

人間の「意志」には、大きなパワーがあると、私は信じています。心の中の意志が、エネルギー源になり、色々な状況を生み出します。

そう考えてみると、私には、ミサキさんの生活のフォーカスが、お嬢さんの身に悪いことが起きるのではという「恐怖」に当たっていることがとても気になります。「恐怖」は何も生み出しませんし、そのことばかり考えていると、運気がその方向に流れて行ってしまうのではと、私は心配しています。「意志の方向に気は流れる」といいます。

親としての私たちの仕事は、自信を持って人生を生き抜いていく自立した人間にこどもを育てることです。こどもたちに自分の意志で行動するチャンスとスペースを与えなければ、将来起こり得る様々なことがらに対処しながら生き抜く力がつきません。辛いことや悲しいことがあっても、必ず回復して生き抜く力を私は「心の筋肉」と呼んでいますが、その筋肉を発達させることができません。

私の父は、私のことを信用して、ほとんどのことは思いどおりにさせてくれました。それでも、ときには、あるイベントに行ってはいけないと禁止することもありました。あるとき、私には父の気持ちがわかるようになりました。父は、その場で起こり得る出来事を予測していて、それを乗り越えるには私はまだ未熟だとわかっていたのです。父が「ノー」と言ったときには、それは私のためであり、私が乗り越えられないトラブルに遭わないようにと守ってくれていたのです。

父は、よく言いました。

「愛とは、掌《てのひら》の上の砂のようなもの。きつく握れば握るほど、指の間から砂はこぼれてしまう。だから、いつも、掌を広げて愛しなさい」

これは、今でも私の信条となっています。強く締めつければ、こどもは力ずくでも親から離れようとして、危険な状況に飛び込みます。親の裁量で安全と思われる範囲で選択する自由を与えれば、こどもたちは人生の課題を一つ一つクリアする力をつけ、自分自身で安全な方法を選択できるようになっていきます。

クラスの男子たちにからかわれるということ、それも「社会には色々な人がいる」という経験になります。母親としては、いつも優しい言葉をかけてあげてください。

大人もこどもも「間違った選択」をするもの

人が何かを心配するとき、それは実際には他人に起こったことの心配です。誰かに何かが起こったから、同じことが自分の愛する人に起こったらどんなにつらいかしらという心配です。どんなに心配しても、私たちではコントロールできない、どうにもできないことは起こります。他人や自分のこどものすることも、自分の力で抑えることはできません。心配さえしていれば何も悪いことは起こらないと思うのは、馬鹿げた慰めでしかありません。親としてできることは、ここならこどもを親の目から解放しても大丈夫という状況を判断し、その中で自由にさせることです。親がむやみに自分の恐怖を押し付けると、こどもは、怖がって何もできなくなります。

もちろん、誰でも間違った選択をすることはあります。そのときは、母親の元に戻ってこられるようにしておくことは大切です。しかし同時に、自分の行動の責任を持つということも学ばなければなりません。間違った選択の結果を恐れて反対するのではなく、やらせてみてサポートすることも必要です。

こどもが「いばらの道」を歩むことを望む親はいません。何としても守りたいと思うのは、純粋な親心です。しかし、大切なのはこどもに間違いから学ぶ経験を与えてあげることです。傷ついても回復して前を向いて歩いて行けるように導くことです。心配は、自分のためであり、決して相手のためにはなりません。

お嬢さんが運命に翻弄されない人になるように手助けしてください。

30代後半、いまさらこどもを産みたい……

こどもは持たず、ふたりで添い遂げるという約束で20代の頃に結婚しました。女性の妊娠のリミットは、一般的には35歳〜38歳頃と言われているそうです。その年齢になり、急にこどもを産みたくなってきてしまいました。夫に相談したいのですが「約束が違う」と言われるのが怖いし、自分でもどうしてこういう心境になったのかわからなくて説明できないのが不安です。

「こどもを産みたい」と思った理由は、同級生の友人がこどもを連れて遊びに来てくれる機会が増えたことです。私は下に兄弟がいませんので、小さいこどもと触れ合う機会がありませんでした。実際に一緒に過ごしてみると、こどもってとても可愛いんですね。自分はもちろん、夫のこどもに会ってみたいと思うようになりました。

もうひとつの理由は、老後のことです。夫とふたりで添い遂げるとして、どちらかは先に死んでしまうでしょう。置いていかれたほうが、残りの人生をさみしく過ごすのではないかと思いました。すべてのこどもが親子円満とは限りませんが、いないよりはいたほうがさみしくないのでは。

不妊治療の体験談など読むとすでにくじけそうな気持ちになりますが、自分の「産みたい」という気持ちは大切にしてあげたい。私はどんな未来を選ぶべきですか。

——30代女性・シホさん

夫婦ふたりが「イエス」でなければいけない

夫婦が二人とも強く「イエス」と思わなければ、こどもは持たない方がいいでしょう。一人が「ノー」であれば、それ以上話し合うこともありません。それは、この世に生まれてくるこどもの誰もが、無条件で自分を愛し完全にコミットメントしてくれる両親を持つ必要があるからです。

他人のこどもは、可愛く、接していると自分も欲しいと思ってしまうものですが、その子が家に帰ってしまえば、「自分の生活」に戻ることができます。ところが自分の赤ちゃんを持つとどうでしょうか？　まず、九か月間の不自由、分娩の痛み、そして、その後には、子育てという一日二十四時間、週七日の仕事が始まります。眠れない夜も続きます。自由は全くありません。こどもを持ったそのときから、「自分の生活」は、ありません。あなたがこの世に生み出した一つの命が生活の全てです。

そして、赤ちゃんは、いずれ成長し、思春期を迎え、ティーンエイジャーという難しい年代に入ります。こどもが成長していくすべてのステージで、愛情や関心を絶やすことなく、育てたりしつけたりしていかなければなりません。その上、お金が沢山かかります！そして知的や身体的な障害を抱えたこどもが生まれてくることもあります。神と自然が自分に与えてくれるすべての状況を受け入れる覚悟が必要です。こどもを持ったら、もとのこどものいない生活に戻ることはできません。

シホさんのこどもが欲しい理由は、歳をとったとき一人になるのが怖いということ。それは、生まれてくる前からこどもに仕事を与えていることになり、間違いです。親の将来への不安を解消するために一つの命を産みたいと考えるのは、止めてくださいね。それは、自分勝手な考えです。

こどもとの関わり方はたくさんある

こどもを持つことの大変さを先に言ってしまいましたが、こどもは、親にとってたくさんの喜びを与えてもくれます。どんなに犠牲を払っても、絶対に後悔しないだけの満足と誇りをもたらしてくれます。母親の体から生まれてきた一つの命の血管には、血液と夫婦のＤＮＡが流れているのです。なんて素敵なことでしょう！　そして、その子が誕生する前の何世代もの祖先から受け継がれたものが生きているのです。それは、何にも代えがたい喜びではありますが、一生続く仕事でもあります。私のこどもたちは60代ですが、私は今でも「母親」をやってしまいます。母という仕事に定年退職はありません。

シホさん、もし、真剣にこどもが欲しいのでしたら、正直にご主人に相談してくださ い。ご主人の同意とサポートが無ければ、こどもを育てることは難しいことになってしまいます。子育てや家事の分担も話しておかなければなりません。夫婦間では、お互いに言葉で言わない「期待」を持つものですが、話すべきことは話しておかないと、その後何か月も何年もの苦痛の種になってしまいます。

「父親なのだから当然子育てを手伝ってくれるだろう！」「母親なのだから、手伝わなくても自分で責任を持って子育てしてくれるだろう！」という思い込みは、禁物です。

たとえば、あなたは、こどもを産んだ後、専業主婦になりたいのでしょうか？　それとも、仕事に戻りたいのかしら？　夜のこどもの世話や、おむつを替えたり、洗濯したり、食事の支度や後片付けなど、手伝ってもらえるか、出かけたときには、子守をしてもらえるか、等々、話し合い、理解しておくことはたくさんあります。

こどもを持たないことにしたら、友人のこどもと接し、こどもに好かれる「近所のおばさん」になることも良いでしょう。時には、ベビーシッターを引き受けたりすれば、喜ばれて感謝されるでしょう。

こどもを持つことにしたら、そのときは、ご主人の無条件の同意を得てください。また、肉体的、経済的なコストも比較して、そして、二人の個人的な自由な時間は無くなってもこどもを欲しいと思えば、両手を広げて生まれてくる命を歓迎し愛することができるでしょう。

やりたいことがない味気ない人生

ピアノ、そろばん、バレエ、水泳、サッカー、バスケットボール、プログラミング、ジャズダンス、お料理……。3歳頃から色々な習い事をさせてもらってきました。でも、どれもすぐやめてしまいます。やりたい習い事ではなく、友達や親に薦められたからやってきただけです。唯一続いているのがフラです。でも、先生、ごめんなさい。フラが好きなのではなく、仲良しの友達が一緒に通っていて、先生もきれいで優しいから続けているだけなんです。

私は、大学には行かず就職する予定です。一緒にフラをやっている友達は、フラを続けながら製菓の専門学校に行くと言っていました。私は何もしたいことがありません。先生たちにサポートしてもらいながら就職活動をしていますが、志望動機が言えないのでなかなか決まりません。

このまま「やりたい」と思える仕事にも趣味にも出会えず、毎日をなんとなく生きているのなんて死んでいるのと同じです。やりたいことに出会うにはどうしたらいいのかわかりません。先生はどうしてフラをやるようになったか、教えてください。

——10女性・サクラコさん

あなたの「満足」はどこにある？

私の祖母はいつも言っていました。

「人は、好きなことをするか、していることを好きになるかのどちらかしかない！」

人の一生には、好きで満足できることで生計を立てられるラッキーなときも確かにありますが、必要と思えることを仕事にしているときの方が多いと思います。好きであってもなくても、どういう姿勢を取るかは、自分で選ぶことができます。私の祖母は、与えられたことを何でも一生懸命やる人でした。それがたとえば、キッチンの床の掃除であっても、庭の草取りであっても、いつも楽しそうでした。また、後になってレストランを経営し生活が忙しくなりましたが、活き活きと楽しそうでした。決して自分が好きで選んだことではなくても、その時々、やらなければならないことを明るく元気にこなし、誇りを持つというのが祖母の選んだことのようでした。そこで、他人から見たら退屈極まりない仕事にも、いつも満足していました。

一生の中で、あることに興味を持ち、それを続けることが嬉しくてたまらなく、そのことを考えるといつもワクワクするものに出会えることがあります。精神的にも肉体的にも完全に満たされると感じるもの。私には、それが、フラでした。始めてフラのクラスに参加したのは、34歳のときでしたが、今でもその時の感覚をよく覚えています。

「ああ！　これまでの私の人生は、フラに出会うためにあったんだわ！」と思いました。それまでも踊ることは好きでしたが、正式なレッスンを受けたことはありませんでした。社交ダンスも楽しかったのですが、一人ではできません。夫と交際していた時は、よく踊りにいきましたけれど、結婚と同時に自然と二人で踊りに行くことがなくなりました。

フラは、パートナーがいなくても、一人で踊ることができます。そして、何より素敵なのは、体をリズムに乗って動かすだけでは無く、フラを通して物語を語ることができるのです。ラブストーリー、美しい土地や自然のこと、ハワイの偉大な王様や王女様などの物語です。

フラは、美しい詩に生命を吹き込むのです。その時から、フラへの熱が冷めたことは、一度もありません。いつでも新しい物語に出会えるからです。

フラに恋した私

１９７０年代には、私のようなハオレ（アメリカ本土出身者）にフラを教えてくれる先生を見つけるのはとても難しかったのです。それは、ハワイで二、三回フラのレッスンを受けただけで、米国本土や日本など、世界各地でフラのエキスパートの振りをするハオレが大勢いたからです。ハワイ人が大切に守ってきたフラという文化を「金もうけの道具」にしてしまう人がいました。

そこで、フラコミュニティでは、フラスクールには「地元」の生徒しか入れないというルールを作り、フラを守ろうとしました。「地元」というのは、ネイティブハワイ人か、少なくともハワイで生まれた人たちです。それでも、私は、先生に教えてくれるように懇願しました。レッスンは受けさせてくれるようになりましたが、何か月もの間、私の熱意を常に試されている感じでした。

最初の先生のベラ・リチャーズからは、現代フラとポリネシアンダンスを習いました。そして、その後ラニ・カラマからカヒコ（伝統的フラ）を習いました。どちらの先生も最初は、私のことを疑っているようでした。でも、私は、フラを習いたいと強く心に決めていましたし、フラへの情熱が消えることはひとときも無かったので、フラが習えるならどんなことも耐えられました。

私には、フラの先生になりたいという目標はありませんでした。ただただ次から次へと現れるハワイ語、フラに織り込まれた歴史や文化の課題をこなしながら、次のステップへと進んでいったのです。それがある日、先生のベラ・リチャーズが私にフラを教える人になりなさいと言ったのです。「そんなことできるはずない！」というのが、最初に思ったことでした。ハオレのフラの先生がハワイで受け入れられるとはとても思えなかったのです。そして、その後も、目の前に現れた課題を熱心に習得することに努力し続けました。

その後の二十年間、真剣に勉強を続けました。その間、ハワイ大学で三年間ハワイ語とハワイ文化の勉強もしました。その結果、クムフラとしてのウニキ（卒業の儀式）を授かることになりました。ラニ・カラマによって私に伝えられたロカリア・モンゴメリーのフラの系譜を継承することになったのです。それは、この上ない名誉でした。そして、ウニキの後も毎日勉強を続けています。沢山のフラ関連の文化や歴史の資料を調べるので、私の知識は、今でも増え続けています。

初めてのレッスンでフラに恋してしまった私です。そして、その恋は、今でも続いていますし、いつも心はワクワクしています。私に尽きることのない情熱を与えてくれるものに出会えて、そして、それをライフワークにできたことは、とても幸せです。努力を続けることは、楽しく、好きなことを追いかけ続けると、人生は、満足感と達成感と冒険でいっぱいになることを体験してきました。私は、今でも成長を続けています！

つまらない人間にならないで

サクラコさんは、これまで何にも心から打ち込んだことがないのですね。私はよく「運転手さん」と「お客さん」の話をします。運転手さんはお客さんを乗せて、方向を定めて目的地に向かってお客さんを連れて行きます。お客さんは、ただ乗っているだけ。お友達がやっているからと便乗して乗せられるがままでいるより、運転手さんになった方が楽しいはず。

していることがつまらないと感じる人は、実は、自分がつまらない人間なのです。自分の中で興味を感じる小さなことを引っ張り出して、打ち込んでみてください。また、真剣に努力を続けてみてください。それができるまでは、今の退屈と不安は続きます。そして、「つまらない人」になってしまったら、もったいないです。

自分の思い一つで、自分を変えることは絶対にできます。

幸せになれない気がして一歩も動けません

三年前、20代半ばで結婚しました。こどもはいません。今、仕事の縁で知り合った男性と不倫をしています。彼も既婚者で、年上の奥様と小学生のお子さんがいるそうです。

「こんなこと、もうやめなければ」と考えているうちに、二年が経とうとしています。夫に知られたくないという気持ちと、知られたとしても慰謝料を払えばいい、夫が離婚したいと言うならそうしてもいい、どうとでもなれ、というヤケになった気持ちが両方あります。

きっかけは、夫が約束を破ったことでした。プロポーズのときに「毎年あなたの誕生日を祝わせてほしい」と言ってくれて、それに心打たれて結婚を決めました。でも、夫は私の誕生日を忘れていた。自分でも驚くほど、そんな些細なことに幻滅してしまいました。

その年、たまたま「誕生日だったんですね。おめでとうございます」と声を掛けてくれたのが既婚者の彼でした。

夫への「好き」という気持ちはなくなってしまいました。だからといって、既婚者の彼が好きかというとそうではありません。不倫を続けてもやめても、私は幸せになれないような気がして、ここから一歩も動けません。

――20代女性・マナミさん

不倫ではなく「ウソの生活」をやめましょう

はっきり言います。不倫はやめてください。不倫の彼とは別れ、夫とも離婚すべきです。私がそう言うのは、マナミさんが本当に望んでいる生活ではなく、ウソの生活をしているからです。今のままでは、幸せになれるわけはありません。

私たちには、生きる過程で、精神的に何が正しいかというモラル（倫理）を学んでいます。そこで、その範囲を超えた行動を選んでしまうときは、自分の精神に逆らっているときなのです。自分の精神に逆らうと、いつかは自分で自分を罰するときが来ます。精神的に鬱になったり、肉体的には病気という形で現れたりします。他人を騙すことはできますが、自分を騙すことはできません。

夫とは、一緒に生きていくという「約束」のもとに結婚したはずです。今マナミさんがしていることは、夫に対して不公平です。そして不倫の彼もまた、妻と「約束」のもと結婚しました。どう考えても「ダブル不倫」に肯定できることは皆無です。

マナミさんは、いっときの快楽のとりこになっています。その瞬間「いい気持ち」になりたいだけ。だからその後には、後悔と自己嫌悪が残るのです。

「なぜ私は、自分のことを考えてあげないの？」「私には、もっと価値ある人生を送る資格があるのではないの？」と、自分自身に問いかけてみてください。

価値のないものにしがみつくのをやめる

ご自身も言っているように、今の生活を続けていたら、決して幸せにはなれません。既婚者との恋愛はご法度です。こんなことわざがあります。「彼があなたと一緒にすることは、いずれはあなたに対してすることです」これは、「あなたと不倫をする彼は、いずれはあなたに対しても不誠実なおこないをするでしょう」という意味です。

「略奪愛」でも、愛の無い生活よりはましと思う人もいるでしょう。私は、それには反対します。自分のさみしさは、他人の生活を壊す理由にはなりません。もし、彼が今の結婚に不満があるのなら、そちらをまず解決しなければなりません。そうでなければ、あなたは、ただの「遊び」の相手。自分を下げないで！

私は、価値の無い関係にしがみつくのをやめて欲しいのです。それは、自分を過小評価している、低く見ているということです。これまでの人生で積み重ねてきた大切なものが必ずあるはず。心の中を整理して、自尊心を高め、自分の良いところを讃えてあげられるような日々を送って欲しいのです。

心の中を整理することは、今のマナミさんにはとても難しい作業のように思えるかもしれませんが、自分に対するネガティブな気持ちを捨てるためには、必要な過程です。一生分の努力が必要でも、その後には、必ず本当の満足と幸せを手に入れられるでしょう。

「夫に従う妻」ってダメですか？

先生は「強い女性」をどう思いますか？ ジェンダー平等の考えが少しずつ日本にも浸透しつつあります。結婚してもイキイキと働き続ける自立した女性や、強くて自分の意思があるかっこいい女性を目指している人が増えていると感じています。

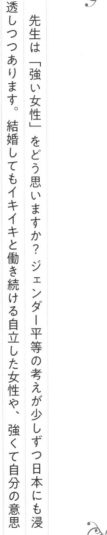

私は、こどもの頃から「将来の夢は、お姫さまかお嫁さん」でした。女性もずっと働かないといけないなんて嫌。専業主婦になって、毎日ご飯を作って旦那さんの帰りを待ち、旦那さんのお仕事のサポートをしたい。こどもが生まれたら、大きくなるまでずっとお母さんが家にいて愛情をかけてあげたい。家事や育児は苦じゃありません。実際、いまは専業主婦として旦那さんとこどものために生きています。

「こどもも小学生なんだから、そろそろ働いたら？」「女性も経済力をつけないと」と、時々言われます。旦那さんに「おい」「お前」と言われれば、私は旦那さんの欲しいものを察してお茶や新聞などを持っていきます。それも「それじゃあ、家政婦や召使いみたいじゃない」と非難されます。私は幸せだと思っているのですが……。

確かに、自分で自由にできるお金がほとんどないことや、もし旦那さんが病気などで働けなくなったら？ということは不安です。**私の生き方って、やっぱりダメですか。**

――30代女性・レイナさん

あなたが幸せなら他のことは気にしないで

レイナさんは、自分が望んでいた通りの生活を創り上げています。それなのにどうして、他人の意見に惑わされるのでしょう？ 良い母親になることは、世界で一番大切な仕事です。自分が育てているこどもは、次世代のリーダーになるかも知れません。ミュージシャン、発明家になるかもしれません。有名になれなくても、社会の役に立つ良識ある大人に育てることができれば、それだけで素晴らしいことです。

また、安全で心地よい家庭を夫とお子さんのために築ければ、それも大きな人生の成果です。自分以外の人に尽くすことに喜びを見いだせるのは、美しいことです。

レイナさんが今の生活に喜びを感じて満足しているのであれば、それは、夫と家族の喜びと満足でもあるはず。そのレベルの幸せを得られる人は、そんなにいません。それが、レイナさんにとっての成功です。

夫が病気になったり、仕事を休んだり辞めなければならないような怪我をしたらどうしましょうと心配な気持ちはよくわかりますが、どんなことでも起こってしまえば何とかなってしまうのが人生です。きっとあなたなら、起こったことを受け入れ、夫と一緒に新しい生活の仕方を築けるでしょう。人生に転換期が訪れたとき、それを乗り越えられるだけの能力が自分にあったことにびっくりするほど、人は強いもの。起こっていないことを心配するのは無意味です。

今のレイナさんに足りないものがあるとしたら、自分のために使えるお金かしら？多額ではなくても、やっぱり好きな用途で使えるお金は必要です。ご主人に月々のお小遣いをお願いしてみたらどうかしら。きっと同意してくれると思いますよ。

今は、今ある幸せを楽しんでください。友人たちには、他人のことは構わずに自分のことだけ考えるように言いましょう。どんなに幸せで満足しているかを伝えれば、何も言わなくなるでしょう。

「人に優しく」って何をすればいいですか？

こどもの頃、私は虐められっ子でした。家が貧乏だったこともあり、あるときは二日続けて同じ服を着て学校に行きましたし、靴や鞄は汚れっぱなし壊れっぱなしでした。同級生たちが「汚い」「くさい」「ばい菌がうつる」と言いたくなった気持ちも、今はわかります。その経験から人と深く関わることが怖くて、あまり人と接しない仕事をしています。

恋人もいないし、友達と呼べる人もほとんどいません。

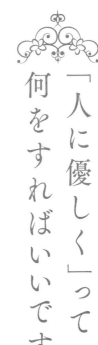

数少ない友人のひとりが、40代を前に一人身の私を心配したのでしょう。「リエコは、もっと人に優しく接したほうがいいよ」とアドバイスしてくれました。そのほうが、友達も増えるし恋人もできるだろうと。

ショックでした。私は今まで、優しくない人間だと思われていたんですね。必要以上に人と関わらないようにしているのだから、考えてみれば当たり前かもしれません。でも、どうしたら「人に優しい」ということになるのかわかりません。

あまり人に優しくされることがない人生でした。このままではいけないという気持ちもありますが、どうすれば、周りの人に「優しい」と思ってもらえるのかわかりません。私が何かしたとしても、相手に迷惑なのでは？　間違ったことをして、嫌われてしまうのでは？　とても不安です。

――30代女性・リエコさん

先取りして考えることは「牢屋」に入ることでもある

リエコさんは、「先取り症候群」にかかっています。こどもの頃つらい経験をしたから、「きっとまた同じ目に遭うのだろう」と、何も起こる前から自分の周りに壁を立てているのです。実は、自分を守ってくれる安全な場所のはずの壁の中は、リエコさんの人格を閉じ込める「牢屋」です。

人は、誰でも過去から学んでいます。過去の経験からの「思い込み」が、私たちの行動パターンに影響しているということは、よくあります。リエコさんならば、こどもの頃に家が貧しくていじめられたから、大人になってもいじめられるだろうという「思い込み」のため、防衛本能が強くなっています。大人になるということは、その「思い込み」の真の理由に気づき、そこから脱皮していくことです。

つらかったのは、こどもの頃です。今でも反射的に同じ行動パターンを繰り返してしまうのですが、今のリエコさんの置かれている状況は、その頃とは全く変わっています。ですから、自分にとっては自然な行動も、今の状況では全く不自然なんです。

「先取り症候群」は、誰かがあなたを拒絶する前に、あなたが他人を拒絶してしまうこと。そのために寂しい思いをし、お友達が言うように、「人に優しくない」と見えてしまうのは残念です。リエコさんは、ただ拒絶されるのが怖いだけなのに、わかってもらえず孤立しているような気がします。

安心して。あなたはもうこどもじゃないの

さあ、自分自身のイメージを作り直しましょう。もっと高めてあげましょう。今のリエ

コさんは、汚くて臭い貧しい家のこどもではありません。身ぎれいにしていて、身だしなみの整った服装で、自分の得意な分野の仕事をしている姿が私には見えるようです。そんな自分を認めてあげましょう。自分の性格で長所と思うことをリストにしてください。正直で働き者、誠実、もっともっとあるはずです。その全部を認めます。

また、変えた方がいいと思うこともリストします。これまでの行動パターンを変えることは、怖いかもしれませんが、今のリエコさんは、こどもの頃の様に傷ついてそのままということは絶対にありません。何があっても乗り越えられるという自信が持てれば、自分を解放し、周りの人の愛や友情を受け入れることができます。壁を壊したら、また他人の中傷の的になると不安になるかもしれませんが、心配いりません。

愛や友情は、無防備になってはじめて、与えることも受け取ることもできます。無防備になるということは、他人を信用するということではありません。自分を信じることです。誰かに傷つけられても、絶望するような出来事にあっても必ず立ち直れる、絶対に大丈夫な自分自身を信じるのです。誰かを愛して受け入れられなくても、そこから立ち直る強い自分になれたとき、必ず次の愛が訪れます。

自分で作った小さな「牢屋」から一生出られないのと、どちらがいいかしら?

やりたいことができなくて悲しいです

先生、初めまして。先生は、日本の映画『フラガール』を見たことがありますか？日本の田舎に暮らす女の子たちが、素敵なフラの先生の教えを受けて、フラのダンサーとなる物語です。私は、『フラガール』を見てフラをやりたいと思いました。

でも、私が住んでいるのはとても田舎で、フラの教室なんて近くにありません。フラの教室がある街まで、バスや電車を乗り継いで何時間もかかります。日本にはいっぱいフラの教室があるはずなのに、本当に田舎ですね。親に「フラを習いたい」と相談してみましたが「そんなお金ない」「セクシーな格好で恥ずかしくないのか」と叱られました。まるで『フラガール』に出てくる大人たちみたいです（笑）。

私はまだ学生です。都会の学校に進学したり、就職したりできるかどうかもわかりません。**せっかくやりたいことがあるのに、ずっとできないと思うと悲しいです。こんな私が**

やりたいフラをやるには、どうしたらいいと思いますか。教えてください。
——10代女性・チエさん

フラが習えない人のために私が始めたこと

映画『フラガール』は、私も観ました。とてもチャーミングで感動的な映画でしたね。ダンサーも観客も共に惹きつけ、元気と喜びを与えるフラのパワーが力強く伝わる映画でした。

世界中には、チエさんと同じように、フラの魅力に取りつかれながら、近くにフラを教えられる人がいない環境にいる人は大勢います。ですから私も、求められれば世界の各地でフラのワークショップを開催します。それでも、いつでもどこにでも行かれるわけはなく、フラをやりたくてたまらないのにその機会が与えられない人たちのために、何ができるかと、夫と共に考えました。そして、ビデオ教材を作るプロジェクトを立ち上げたのです。それが、「リアルフラ・ドット・コム」の始まりです。

ビデオ教材を作るにあたり、私たちが決めたことのひとつは、できるだけ私が通常のクラスで教えている内容をそのまま伝えられるものにすることでした。フラは、体全体でメレ（歌）が伝える物語を踊るものです。そのためには、まず、歌詞を一行一行理解しなければなりません。作者が伝えたいことを正しく理解することが最初のステップです。そのため、そのメレのバックグラウンドを説明する小冊子も作りました。

ビデオは、クラスで一番上手なダンサーが鏡の前で踊り、後ろから撮影しています。後ろ姿について踊りながら、鏡の中のハンドモーションも見ることができます。そして、私が、一行一行丁寧に歌詞の意味と振り付けを説明しています。

ビデオと小冊子は、セットになっています。これは、私と夫のコラボレーションです。これまでに、ビデオを通して世界中の「バーチャルな生徒さんたち」から感謝の手紙を何通もいただいています！

チエさんも、同じことができます。有料のビデオ教材もありますが、高価なものは一つもありません。購入すれば、チエさんも自宅で好きな時間にフラの練習ができます。ビデオでの練習に慣れてきたら、二、三人のお友達を誘ってもいいかもしれません。

フラはあなたのためにある

チエさんのご両親がフラを誤解しているのは、悲しいですね。でも、きっとチエさんがフラを勉強する姿を見ていたら、変わってくるでしょう。フラは、人に自信とパワーを与えてくれる健全で楽しい一つの芸術です。ご両親もきっと、フラは、半裸で踊る野蛮なダンスではなく、ハワイの文化の最も美しい部分を映し出す格調高い優雅な踊りであることをわかってくれるでしょう。

私はチエさんを私の「バーチャルな生徒さん」として歓迎します。私のウェブサイトからどんな質問でもメールしてください。いただいたメールには、全て自分で返信しています。私は、私にできる限りの方法で、フラを愛するみなさんを支えたいのです。世界中の人全員がフラを習ったら、世界はより良い、人に優しい場所になると信じています。もし近くにフラの先生が見つかればそれに越したことはありませんが、もし見つからなければ、リアル・フラは、チエさん、あなたのためにあるのです。クム・ケアより。

障害を持って生まれた娘の未来が心配

妻との長い不妊治療を経て生まれた娘がいます。娘は、身体の半分が上手く動かせない障害を持って生まれてきました。普段、家では障害など感じさせないほど明るく優しい子です。妻が独身時代から習っているフラの教室に一緒に行って、もちろんみんなと同じに踊れはしないのですが、真似をして手を動かしてみるのが楽しいと言っていました。

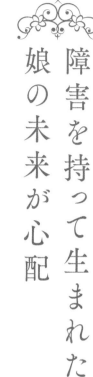

しかし、やはり学校や日常生活では困難があります。車椅子なのでバスを乗車拒否されたり、駅で「邪魔だ」と小突かれたりすることもあるそうです。学校では、階段の上り下りに友達や先生の力を借りていて申し訳ないと言っていました。幼い頃は、思うように口が動かせないことがあり「発音がおかしい」とからかわれたこともありました。

そんな優しくない世の中に憤りを感じます。しかし、正直、自分もこどもだったら娘と同じような子をからかっていただろうとも思います。いつまでも娘のサポートをしてあげたい反面、一人でも強く生きられるように育てなければいけないという思いもあります。私や妻のほうが、きっと先に死ぬのですから。

私たち夫婦の手を離れたあとや、我々が死んだあと、娘がどんな困難な世界を生きていくのかと考えると、どうしても暗い気持ちになってしまいます。娘はいつも明るいのに。ダメですね、こんなネガティブな父親では。

――40代男性・ミチロウさん

プロに相談し、不安をもっと具体的にしましょう

ミチロウさんと奥様の、障害のあるお嬢さんへの愛情の深さと支える姿勢に、私は感服します。そんな私の気持ちをどう表現したら良いのか、言葉に迷います。他人には想像できないほどの困難もあることでしょう。

お嬢さんの将来を心配し、今の段階で少しずつ準備を始めるというのは賢明です。ご両親が去った後の人生ですが、今なら充分な時間をかけてプランを練ることができます。将

来のニーズを満たすことのできる施設を探しておくことも一つです。必ず希望に合った施設は存在しますから、根気よく、妥協せずに探してください。そして、見つかったときには、まだ早いと思わずに、連絡をして将来のための具体的なプランを相談してください。

今、漠然と不安を抱いていることがらの一つ一つに具体的で現実的なプランができれば、きっと気持ちが落ち着きます。

また、長期に渡りお金がかかることですので、資金の積み立てを始めることもおすすめします。ご両親がこの世を去った後に必要となる資金を今から蓄え始めます。弁護士を通してこどものための「トラスト・ファンド」を設置し、将来のためのお金を積み立てるという方法は、アメリカではよく聞きます。日本にはどんな方法があるのかは、私にはわかりませんが、今すぐに始めてください。年月を経て資金が増えていくような方法があれば、一番良いですね。

私と夫は、何年も前に孫たちの教育費のための資金の積み立てを始めました。私たちが月々預けるお金を株の投資に回し、状況に応じて資金が増えていくという形式なのですが、日本にもそういう商品は、あるかも知れません。そして、孫が大学に行く年齢になり、進学しなければ、そのお金はそのまま私たちのところに返って来ます。その資金からの利益には税金がかかりますが、用途は自由です。

日本にも、ファイナンシャル・アドバイザーという仕事の人がいると思いますから、信頼できる人を見つけて、どんな金融商品があるのかを相談してみたらどうでしょうか?

将来の経済的なニーズに加えて、これから大人になっていくお嬢さんが社会のメンバーの一員であり続けることが、ご両親の望みだと察します。障害を持つ大人に職業訓練をする特殊学校は、日本にはありますか? また、障害者が自立できるための色々な機械や装置も進んできています。スティーブ・ホーキンズ博士は、車いすから口にくわえた装置でコンピューターを作動していました。テクノロジーの進歩により障害者が自立できる手段は、増えてきているように思います。

また、「遺書」を作成しておくことも必要でしょう。アメリカでは、両親やこどもの年齢に関わらず、両親が突然の悲劇に見舞われたときのために「遺書」を作成するのはよくあります。また、その場合にお嬢さんに資金が残るような保険に加入することも必要でしょう。そして、一人残されたとき、助けてもらえる「後見人」も決めておいた方が良いでしょう。そういった一つ一つのことを今から始めて、具体的にプランを立てれば、ミチロウさんの将来への心配も軽くなると思います。

何があっても必ずお嬢さんは守られるという確信が持てれば、不安は軽くなり、今このときをポジティブに生きられるのではないでしょうか。

フラが与えてくれたご縁と愛

幾年もの時代の流れの中で息づき継承されてきたフラは、現在では大きく二種類に分けられます。ひとつは、神話世界を表現し、神や王朝への賛歌としても用いられる厳粛な伝統的なフラ・カヒコ。もうひとつは、ウクレレやギターの音楽で踊る現代的で明るい雰囲気のアウアナ（「漂う」という意味）です。

チャント（詠唱）によって演じられるフラ・カヒコには、ハワイの歴史や叡智が込められています。一方、アウアナはハワイアン音楽のメロディーに身をゆだね、歌詞の意味を表現するものです。日本の方が「フラダンス」と聞いてまず思い浮かべるのがアウアナだと思います。

私は伝統フラの継承者「クム」と呼ばれています。ここでは、フラの文化に関する言葉について、簡単にお伝えします。この本の中にも、度々このフラ用語が出てきます。復習としても、ぜひチェックしてみてください。

◆フラ用語　初歩の初歩
・フラ＝ダンス　・クム・フラ＝フラの先生・師匠・継承者
・ウニキ＝フラの先生になる課程の卒業式
・オーラパ＝フラの踊りのエキスパート
・ホアポア＝フラの詠唱のエキスパート　・ハラウ＝フラの教室
・カナカ マオリ／ロコ＝ハワイアンの血を引く人
・ハオレ＝アメリカ本土出身の白人

フラがくれた愛情を世界へ送る

初めての体験はどれも思い出深いものです。初めてハワイの文化に触れたとき、私は12歳でした。まだハワイの土も踏んだことがないあの頃、アメリカ・カンザス州ピッツバーグという町で、ウクレレを手にしたことを覚えています。当時は、ハワイに住むことはもちろんフラの先生になることもまったく予想していませんでした。

　それからさまざまな縁があり、一九六八年からフラを志してウニキを目指します。二人の巨匠、ベラ・リチャーズとラニ・カラマからフラを学びました。ベラ・リチャーズは、私にアウアナとタヒチアンダンスを含めたポリネシアンダンスを教えてくれました。ラニ・カラマは伝統的な古典フラを私に叩き込みました。

　ハオレ（アメリカ本土出身の白人）である意味で「外国人」とみなされる私を、ふたりは生徒としてあたたかく迎えてくれました。**彼女たちの愛を受け継ぎ、私も国籍や人種を問わず、フラを学びたい人にはいつも心を開いていたいと考えています。**もちろん、日本でこの本を読んでくれているあなたにも。

　私の心には、愛が溢れています。フラとハワイが私に与えてくれた愛を、世界に循環させていくつもりです。フラがくれた贈りものにいつも感謝します。

フラよ、永遠なれ！

第5章

自分への贈りもの

「自分を愛する」ってどういう意味ですか？

何年か前に、「自分を愛さなければ、他人を愛することができない」という言葉を知りました。自分が満たされてはじめて、他人に心を配ることができるということだと思います。理解はできるのですが、納得できない気持ちもあります。

私は、自分を愛することが苦手です。こどもの頃から「私なんか……」と思って生きてきました。さらに、20代の頃に交際した男性にモラル・ハラスメントを受けました。恋人からの「お前には価値がない」というメッセージを受け取ってしまったせいで、自分が誰かに大切にされる価値がある人間だと思えないのです。だから、自分で自分を大切にすることに、変に緊張してしまいます。

「自分を愛する」とは、いったいどういうことなのでしょうか。価値のない私も、私を愛せるようになるでしょうか。

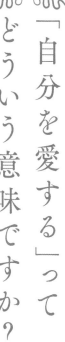

まずは自分を「優しく見守って」あげて

——30代女性・マユさん

自分を愛するってどういう意味かしら？ 私が思うには、自分の性格や人格の中にあるこれまでの人生経験で蓄積して培ってきたことを大切に思い、あるがままの自分を受け入れることでしょう。自分の欠点や間違いに気づくことがあっても、そのときは、改善し成長しようとする自分を認めてあげれば良いでしょう。間違いから学ぶことによって、私たちの人生のロードマップは少しずつ完成して行きます。

この地球上の全ての人、老いも若きも大人もこどもも誰もが成長の途中だということを忘れないでください。その時々でベストは尽くしますが、誰も完全ではありません。人間が「完成品」になることは永遠にありません。自分の精神をより高い価値観に合わせられるように努力はしますが、決して完全ということはありえないと思えば、自分に優しくできるはずです。

歩き始めた赤ちゃんを見ていると、なぜか優しくなるでしょう。今は上手く歩けなくても、やがて筋肉ができ、少しずつ足腰が強くなり、自分で歩けるようになります。同じように、私たち人間は、どんなことにもしなやかに対応できるきる心の筋肉を鍛えながら精神を高めていきます。自分自身を愛して、優しくその過程を見守ってあげましょう。

最初のステップは、自分がこれまでの人生で積み上げてきたものは、大切な個性であるとポジティブにとらえて讃えることです。次のステップでは、頭の中で自分を批判するスイッチを切りましょう。気がつくと私たちは、ほぼいつも頭の中で自分を卑下する対話をしています。顔が可愛くないとか、頭が良くないとかね。

マユさんは、モラル・ハラスメントという「いじめ」に遭われたのですね。随分《ずいぶん》つらかったと思います。相手の男性は、マユさんをコントロールすることで、生きる力を奪ってしまったのですね。ひどいことですが、もっと悪いのは、マユさん自身が頭の中で彼の言った自分へのネガティブなことばを繰り返し言ってしまうことです。自分で自分をいじめることは、やめなければなりません！

あなたを傷つけたモラハラ男はもういません

「私が私自身を批判するのをやめられない」と言うかもしれませんね。それでは、「私と私自身」とは、誰のことでしょう。二人のマユさんがいるのかしら？　どちらが本当の自分かしら？

「私」というのは、この世に生を受ける前から存在していた永遠な魂であり、いつの日かあなたの体を離れていきます。「私自身」というのは、脳の左側でいつも何かをささやきながら、すべてをコントロールしようとする自我です。でも、心配しないでください。とても都合が良いことに、「私」は、脳の「私自身」の部分をコントロールして、黙らせることができるのです。誰かに批判されたら、それを丸ごと信じずに、自己肯定に置き換えていきます。

「彼は、私をなじっていじめたけれど、どうして私が私をいじめるの？　彼は、もうそばにいないのよ。それなのになぜ、彼の真似して自分をいじめ続けるの？」

と自分に優しく優しく話しかけてごらんなさい。心の筋肉がついていき、次第に思いや感情をコントロールできるようになっていきます。

心の中の批判を全部良いことに置き換えることができるようになり、一瞬でも自分をほめてあげることができたら、その瞬間を積み重ねる練習をします。するといつか自分に対するネガティブな思いは消えていきます。

マユさんの質問への答えはイエスです。あなたの全てを愛し、与えられたものすべてに感謝できるようにトレーニングしてくださいね。明るく元気に生きることは、誰にも与えられている生まれたときからの権利です。誰にもそれを奪われないように生きてくださいね。

定年後、楽しいこともなく孤独を感じます

3歳年下の妻が、フラダンスを習っています。毎週木曜日と土曜日は、化粧もしっかりとしてフラのレッスンに通い、仲間と楽しそうに過ごして帰ってきます。こどもたちも、部活や塾、大学のサークルなど忙しそうに、でも楽しそうに何かに打ち込んでいます。

日本では時々、定年退職後の男性が趣味や楽しみを見つけられず、怒りっぽくなったり家族の中で孤立してしまったりということが問題に挙がります。仕事、仕事、仕事ばかりで生きてきた日本のサラリーマン男性は、孤独になりがちなのだそうです。

そこで、私も趣味を見つけようと思い、さまざまなところに行ってみました。料理教室、テニス、書道、カラオケ、英会話。でも、妻やこどもたちのように一つのことを長く続けられません。何にも興味を持てない自分にがっかりしています。この先、どうしたら楽しいことを探して、続けられるでしょうか。

飽きっぽい自分の「考え方のクセ」に気づいて

――50代男性・タクマさん

私の推測では、タクマさんは何かを始めても、上達する前に飽きてしまうのですね。上手にならなければ楽しくないのは、誰でも同じこと！ タクマさんのパートナーがフラを続けられるのは、一生懸命練習して上達が感じられるからでしょう。レッスンの後に達成感が感じられなければ、それ自体がつまらないものになるし、フラストレーションばかりで決して楽しくないでしょう。きっと家に帰っても練習し、習ったことを復習し、次のレッスンでさらに進歩できるように準備をして臨むのでしょう。そうやって少しずつ上達していくと、フラのトレーニングは、いつもワクワクする冒険になります。成功しているという達成感と体験を重ねることができるのです。

私は、クムフラとして五十年以上フラを指導してきました。これは、何度も目撃している事実です。フラの生徒の中には、エクササイズのクラスに週一回参加するのと同じととらえて、何の努力もしなくても上達すると思って私のところにくる人たちがいます。実は、フラはそんなに簡単ではなく、バレエやその他の体を使うスポーツや武道と同じように心と体と精神の鍛錬を必要とします。そういう姿勢でフラに向き合わない生徒は必ず、すぐ興味を失いやめてしまいます。自分側で何の努力もしないで上達できると勘違いしてフラを始めるからです。タクマさんも、すぐに上手にならないから嫌になってしまうのかも知れませんね。

もう一つ考えられるのは、タクマさんは、長く報酬を得てお仕事をしてきたので、努力に対して外から与えられる報酬や見返りがないと続かないのかも。お仕事の世界では、努力すれば昇給も昇進もあったでしょう。お金でなくても何か「見返り」があることなら続けられるのかも知れません。ボランティアや、小中学校や地域のスポーツチームのコーチをするのはどうでしょう。もし知的な分野が得意でしたら、地元の小中学生や高校生に勉強を教えるのはどうかしら。算数、国語、英語、終わりはないくらい、沢山のことが考えられると思います。そうすれば、外から喜ばれますし、感謝され、生徒さんだけでなく、ご両親や学校関係者たちにも喜ばれるでしょう。

続かなかった理由を考えてみましょう

人間は、誰かの役に立っていると感じられることが大切です。何年か前のアメリカでは、退職後の男性は長生きしませんでした。仕事を辞めることによって生きがいとアイデンティティを失ってしまったようです。最近では、男性も子育てや家事を分担するようになり、楽しみつつ達成感が得られる活動を見つけるようになりました。

こどもたちと接する時間を増やすのはどうでしょうか？ 大人同士として一緒にできることがあるかもしれません。

最後に、自分自身を高めるような活動が見つかることを期待しています。外的には人に喜ばれ、内的には自分の心を満足させるものを見つけてくださいね。

これまでに途中で止めてしまったことの一つ一つを分析したら、続かなかった理由がわかるかも知れません。そうすればきっと、何なら楽しめるのかがわかると思います。人生の次の楽章をワクワクと生きられれば、パートナーとの生活もとても楽しいものになるでしょう。ご自身とパートナーのために、何か楽しめるものを見つけてくださいね。

一生懸命に生きるって疲れませんか?

学校の行事などでの「一生懸命やる」「みんなで団結」「必死にがんばる」という雰囲気がとても苦手です。お姉ちゃんに誘われて習っているフラダンスも、普段のレッスンは楽しいけれど、発表会が近づいて「みんなで一生懸命がんばろう!」という雰囲気になると、行きたくなくなってしまいます。

一生懸命にがんばって生きるって、とても疲れます。私は、普通に穏やかに生きたいです。でも、何事にも一生懸命になれない自分にコンプレックスもあります。「一生懸命に生きる」って、どういうことなのでしょうか。

——10代女性・エリさん

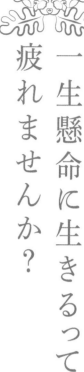

トライして失敗するのが怖いのかもしれませんね

「一生懸命に生きる」とエリさんは言っていますが、私は「満足する人生を送る」という意味かな、と思います。

人生で誰もが学ぶ教訓の一つは、「楽しみ」と「満足」は違うということです。若いころは、楽しいことをして、楽しい時間を過ごせればそれで良いと思いがちです。それは、少しもいけないことではありませんが、その時が終わってしまえば、経験として残るものは何もありません。

大人になるにつれ、私たちは、満足できることだけが経験として永遠に残っていくのだと気がつきます。努力してうまくできたことは、成功体験としていつまでも心の中で薄れることはなく、何年後でも思い出せます。努力せずにできることには、それが何であっても、真剣になれず、熱意を持つこともありません。自分の人生を「助手席」に座って過ごしてしまうようなものです。自分の人生ですから、自分で運転して始めて満足できるのだと思いませんか？

確かに好きでないことに労力を使うことから得るものはほとんどありません。退屈してしまうし、何の熱意も感じずに何かを続けていたら、自分自身が冷めたつまらない人間になってしまいます。

エリさん、エリさんの周りに何にも熱意を持てない人がいたら、その人と一緒に何かをするのが楽しいと感じるかしら？　何かのプロジェクトを一緒にすることになって、グループ全体として成功したいという目標があり、そこに向かって一生懸命になるときに、一人しらけているというのがエリさんです。グループの他のメンバーたちは、どう思うかしら？「やっかいもの」に感じる人すらいると思います。エリさんは、それでいいのでしょうか。私にはそうは思えません。

一生懸命やりたくない気持ちって、トライして失敗するのが怖いからかしら？　もしそうならば、それはとても臆病なことですよ。失敗が怖いために自分の能力を高めることができなければ、その方がつまらないです。もったいないです。人生って成功ばかりの旅路ではありません。どの分野でも、成功している人たちは、その前に何百回も失敗しているのです。ベーブ・ルースは有名なアメリカの野球選手でしたが、最初は三振ばかりでした。アメリカには二つのリーグがありますが、どちらのリーグの誰よりも多く三振したのです。ところが、今、ベーブ・ルースと言えば、誰もが知っている「ホームラン王」です。今、彼のことを「三振王」として思い出す人は皆無です。後の成功が素晴らしかったからです。

エリさん、「一生懸命やりたくない気持ち」を持ち続けると、成功を楽しむチャンスが無くなってしまいます。仲間と一緒に努力することから得られる「仲間意識」は、素敵なことだと気がつかずに終わってしまいます。人生は、もっと楽しいものです。最初は難しいかも知れませんが、自分で選んだことのたった一つのことで良いから、努力してみてください。一週間ではなく、一月、一年と続けてみてください。上達し、達成感を得られれば、そんな自分に満足できる喜びを得られるのです。それが無ければ、成功の甘い味を知らないつまらない人になり、エリさんの人生も退屈なものになってしまいます。

エリさんは、それ以上の人のはずです！素敵なあなたになれますように。

離婚して疲れた自分を回復させてあげるには

昨年、離婚をしました。原因は、夫の浮気とモラル・ハラスメントです。こどもは持たなかったので、ひとりでまるで夜逃げのように家を出ました。一年と少し経ちました。離婚してからは元夫に会うことはありませんが、共通の知人から時々彼や浮気相手の女性の近況や噂を聞くことはあります。

彼から解放されたらすぐに元気になるだろうと思っていました。でも、浮気、モラハラ、離婚のダメージは大きかったようです。以前よりも人に会う機会が減ったし、自分のことを強く否定してしまいます。新しい恋愛に向かう気持ちも湧いて来ず、「この人もいつか私を傷つけるのでは」と人を疑ってしまいます。メンタル面の不調だけでなく、ときにはストレスで体調を崩すことも。

このまま、元気がない自分を受け入れて生きていくのかな……と思うと、孤独な気持ち

が襲ってきます。すっかり疲れきってしまった自分を、どんな風に回復させてあげれば良いかわかりません。

――30代女性・ノゾミさん

新たな出発のためにできること

ノゾミさん、私からの提案は、フラを教えてくれる素敵な先生を見つけること。フラの先生の私がそう言っても驚きませんよね。フラを勉強すると、とてもたくさんの贈り物を手に入れられます。まず、フラを踊るときには、脳の細胞を全部使わなければなりません！　ということは、フラを踊っている間は問題や苦悩が入り込む隙間がなくなるのです。フラが脳のスペースを１００パーセント使ってしまうからです。これは脳と心の素晴らしい休息になります。クラスの終わりには、体は疲れますが、精神的にはとてもリフレッシュされます。

もう一つフラが素晴らしいのは、フラソングのどれをとっても、ポジティブなメッセージばかり。ハワイのフラや音楽には、ネガティブな要素は一つもありません。そこで、歌詞を聞くだけで精神が癒されるのです。

フラの踊り手の体の動きは、自然界とつながっています。そして一生懸命練習していると、音楽と歌詞に合わせて優雅に踊れるようになっていきます。フラは、自然界のリズムと同化することを教えてくれます。絶えることのない海の潮と波、木々の間をそよぐ風、優しい雨の祝福、空の雲の動き。温度調節された家の中から温度調節できる車に乗って、温度調節されたオフィスで仕事をする都会の生活では、私たち人間が、自然の一部であることを忘れてしまいます。

フラのクラスに参加すれば、同じ目標や興味を持つグループの一員になれます。ハラウ（教室）は、大きな家族のようなもの。私のハラウでは、お互いに色々な意味で助け合っています。きっと傷ついたノゾミさんに栄養をあたえてくれるアロハの精神で運営されているハラウが日本でも見つかると思います。

結婚に失敗した後に、自分の生活を取り戻すために必要なことを、私は、「解剖《かいぼう》」と呼んでいます。私自身、離婚経験者、バツイチですから、目を背けたいことが多いのはわかります。でも、すべての出来事には、両面あり、上手くいかなかった結婚に、自分自身がどう関わっていたのかを整理してみます。モラル・ハラスメントはつらい経験でしたが、それを容認していたノゾミさんは、極端な言い方ですが、自分からいじめを受け入れていたのではないでしょうか？　その気持ちを捨てないと、別の男性にまた同じ目に遭わされることになります。

今のノゾミさんは、自分で思うよりも強くなっています。夫のハラスメントから自分の意志で逃げられたのです。新しい生活を始める強さもあるはずです。この先、一緒に生きたいと思う男性に出会うと思います。これまでの経験を通して強くなった自分を信じて傷つくことに怯えないでくださいね。

失敗して傷ついたら、またそこから新たな出発をすれば良いのです。自分の価値を認め、自分の強さを信頼してください。あなたの勝ちですよ！

人生の勝ち組、負け組はどう決まるのか

学生の頃から一緒にフラを習ってきた同級生が、妊娠を期に結婚しました。レッスンのあとに二人でお酒を飲み、仕事や恋愛の報告、フラへの思いを話し合っていた数年前が懐かしいです。大食い、大酒飲みの彼女は、人の気持ちを明るくする笑顔を持っていました。きっと、明るい家庭を築いていているのだと思います。

あるとき、私と彼女の中の良さを知っている人が「あの子は結婚してこどももできて勝ち組だけど、一緒にいたのにアミは負け組」と話しているのを聞いてしまいました。これまで考えたことがなかったけど、人生にも「勝ち負け」があるのか……と思いました。

クム・ケアは、人生に「勝ち負け」ってあると思いますか。あるとしたら、どんな人生が「勝ち」、どんな人生が「負け」だと思いますか。

――20代女性・アミさん

勝ち負けを決めるのは誰？

はい。もちろん人生に勝ち負けはあります。恋やスポーツの世界など、全てに勝ち負けはあります。でも、何が勝ちで何が負けかの定義は誰がするのでしょう？　誰の基準で勝ち負けが決まるのでしょう？

勝ち負けの定義は、とても個人的なものです。それぞれの人が自分で定義すべきものです。ですから「勝ち組」「負け組」と組という言葉を使うことには、私には抵抗があります。

勝つということは、人生で自分が一番大切なものを手に入れることです。それが何かは、自分で決めます。それは、千差万別です。たとえば、社交の場が苦手で、家で静かに本を読んだりピアノを弾いたり絵を描いたりを好む人たちがいます。その人たちにとっては、自分の好きなことをする時間を作れることが「勝ち」でしょう。逆に、表舞台に立って活躍することが「勝ち」の人たちもいます。リーダーやイノベーターという人たちです。どちらにしても自分が満足できる生き方、生活ができる人が「勝ち」です。

自分を他人と比べることはやめましょう。外から見て良く見えることでも、実際の中身は違っているということはよくあります。こんなことわざがあります。

「他人の靴を履いて一マイル歩いてみれば、その人を羨ましく思わなくなる」

これは、外から見たら羨ましく見える人も、実際はその人なりの苦労があるということです。

間違った結婚をしないために

アミさんのお友達にとっては、結婚することが幸せでした。でも、結婚は幸せを保証するものではありません。結婚すればだれでも幸せならば、どうして離婚する人が後を絶たないのでしょう。間違った結婚は、全く結婚しないよりもずっとつらいものです。結婚できるのが「勝ち組」という考え方は、要注意です！

結婚しなければと焦って相手を選ばないでくださいね。独身でいると「負け組」になってしまうからとか、そんなことで結婚しないでください。生き方、お金、それぞれの家族との関係、どんな家族を作りたいか、などで同じ価値観を持つ人と結婚しましょう。もし、この世の中の全ての人たちが全く同じゴールを目指していたら、気持ちが悪いと思いませんか？もしアミさんが、今の生活に満足していたら、「勝ち」なのです。

社会がなんとなく決めた「勝ち組」という言葉にとらわれないでください。私たちひとりひとりが、自分自身の「勝ち」の基準を持たなければなりません。また、今日「勝ち」と思えることも明日は違うかも知れません。自然体で流れに従って生きてください。、私たちは、幾つになっても成長の途中、人間は、最後まで成長し続けるもの。私は、85歳。それでも毎日成長しています。人は、決して完成品にはならないことを覚えていてくださいね。

「人生で一番大切なもの」って何ですか？

クム・ケアが考える「人生で一番大切なもの」とはなんでしょうか。いまは、「結婚すれば幸せ」とか「お金があれば幸せ」とか、簡単に言えない時代だと思います。人生のかたちも、幸せのかたちも、人それぞれだと思うからです。

でも、人それぞれの時代だからこそ、「これさえあれば大丈夫」という支えがほしいとも思います。先生が人生で大切にしていることや、フラの世界で大切だと言われていることを、教えてほしいです。

——30代女性・カスミさん

人生における「楽しみ」と「満足」は違うもの

カスミさん、何が幸せかは人それぞれですが、確かに生きる上での土台みたいなものがあればブレない自分になれますね。一言でいうと、私の土台は「アロハの精神」です。それは後からお話しするとして、私たちがここに存在する意味みたいなものを一緒に考えてみましょう。

永遠の魂というものがあって、それがこの地球上で人間の体を借りて、私たちに宿《やど》る。そして、生きている間の目標は、その魂を精神的に高めることだと私は思います。

今、この地球上に生きている私たちにできることは、与えられたスピリチュアルな魂を、ひとりひとりが神のエネルギーと一直線になるように努力すること。わかりにくいかもしれませんが、歴史上に現れた偉大な思想家や先生たちが、どうしたらそれができるかを教えてくれています。インド哲学の教え、流れに従って生きることを教える道教、イエス・キリストの教える愛などが、私たちに生きる道標を示しています。

私は、色々な偉大な教えから学び、自己啓発してきましたが、土台となるのは、アロハの精神です。アロハは、私たちに愛が地球上でもっともパワフルな力を持つことを教えてくれます。また、誰にとっても良い友人や隣人であるように導き、すべての人やものを敬いリスペクトすることを教えてくれます。また、私たちに自然界と調和して生きることを教えています。自然界の全てのものが、神の創造エネルギーによって創られています。それ故に自然界の全ての生命力に対して敬意を持って接しなければなりません。

アロハは、地球をリスペクトすることを教え、母なる大地は、私たちに健康と日々の糧を与えてくれます。私たちは、それを感謝していただき、その日その時に必要なものだけを自分のものとし、残りは次の日のためにとっておく、また誰か他に必要としている人たちのためにとっておきます。そういう気持ちは、人間界に蔓延している「欲」とは、真逆なものです。アロハの精神では、与えられたものを、他人や必要としている人たちと分かち合います。出会った人たちのすべてを兄弟として必要なものが与えられるように尽くします。

また、私は、楽しみと満足の違いも学びました。アイスクリームを食べれば、その瞬間はおいしく楽しいのですが、一週間も経てば何の意味もなくなってしまいます。それに対して、良い仕事をしたときに得られる満足感は、一週間経っても、一月経っても、何年経っても消えることはありません。また、周囲の人の役にたち、友人や生徒たちに何らかの示唆を与えられたとき、私は満足感を得ます。そして、その友人や生徒たちが成長し人間的に豊かになっていくことを見られるのが、何よりの私への「お返し」と思います。

私の思考も精神も、完全にマスターしたとは言えません。85歳になった今でも勉強中です。少しでも完全に近づけるように、努力を続けています。一分一分自分の思いをコントロールし高める努力です。「思考は行動の源である」と考えます。私は、思考が私の生態に影響を与え、体の全ての細胞が、私の思いを聞き取って、結果として私に健康を与えてくれていると確信できるようになりました。

私だけの「あるべき姿」を目指して

最初に結婚したとき私は、夫が私を幸せにしてくれると信じていました。でも、彼には、私の幸せなどどうでも良かったのです。そのときにわかったことは、「幸せになりたいならば、自分でできることをしなければならない」ということ。そして、その後何年も自分を幸せにしてあげられるように努めてきました。夫の愚痴を言い、自分を哀れむよりは、意識して自分を幸せにすることにしたのです。

「感謝」を練習すると生きるパワーをもらえます。感謝と不幸せは、同居できません。私は、何年も前に「感謝日記」をつけていました。毎朝、感謝することを五つ書き留めました。そうすると、一日中ポジティブな気持ちでいられるのです！ 私のフラの四歳から七歳の生徒のクラスでは、毎回こどもたちがそれぞれにその日に何を感謝しているかを話すことで始めます。「感謝すること」を大人になるまでの習慣にして欲しいからです。

最後になりますが、私は、自分を喜ばせ幸せになり、自分を好きになれる方法を学びました。まだまだ不完全な部分も多々ありますが、常に精神がより高まるように、努力を続けて、「あるべき姿」に向かっています。私は、よく自分に言い聞かせます。人は幾つになっても成長の途中であると。失敗しても、そこから学び同じ失敗をしないように努力していけば、きっとその時々の「最高のあなた」でいられるでしょう。

幸せは、自分で選んで自分でつかむもの。
誰もが幸せでいられますように!

おわりに～ウソのない本当のあなたで生きて

みなさんの悩みにお答えすることは、「魂への旅」でした。その過程では、私が教えられたことの方が多いと思います。

たとえば、「許す」ということへの質問に答えていたときには、長い間引っかかっていた私自身の心の重荷がすっと消えていき、怒りから解き放たれたように感じました。ですから、みなさんの心も自由になるようにと願います。

この企画は、訳者のレイコさんと辰巳出版の編集者エリカさんの共同作業で進められました。お二人に心から感謝します。

私が望むことすべてを激励し、サポートし、時には相談相手になってくれる夫、ラスティに感謝します。

そして、私のスピリチュアルな娘、サンディーとの出会いに心から感謝します。私たちは、苦楽を共にし、どんなにつらいときも、より愛すべき人になるためのチャンスととらえて生きてきました。サンディーに前世で会い、愛情を感じ、今生でも会え、来生でも会えることでしょう。

最後に、私に叡智を分かち合い、授けてくれた偉大な師たちに感謝します。私は、何て幸運なのでしょう。今後も毎日学び、精進してまいります。

イムア！前に進んでいきましょう！

Kumu Pattye Kealohalani Kapualokeokalaniākea Wright

It is my deepest desire that my writings might be an aid to women as they navigate this era of cultural change.

'O wau me ka ha'aha'a,

Pattye Kealohalani Wright

著者 パティ・ケアロハラニ・ライト

フラ教室「ナー プアケア コオラウポコ」主宰。ハワイ州オアフ島カルイアにて1973年に教室を開講。1990年のウニキ儀式において、恩師ラニ・カラマより「クム・フラ（フラ伝承者）」の称号を授かる。85歳を超えても国内・海外問わず多くの生徒たちにフラの技術と精神を伝えている。
REAL HULA https://www.realhula.com

訳者 狩野玲子

株式会社LMN代表取締役。静岡県生まれ。慶應義塾大学卒業後にイギリスへ留学。米・プロダクティビティ社で同時通訳者として働く。その後、トヨタ式生産方式を開発した大野耐一の通訳を務めた。2001年からハワイに住み、パティ先生のもとでフラの精神や人生訓を学ぶ。著書に『通訳だけが知っているトヨタ式が世界を制した本当の理由』（ぴあ）

ブックデザイン　cycledesign
企画協力　NPO法人 企画のたまご屋さん
編集担当　村田絵梨佳

ウソのないあなたで生きて
ハワイの85歳 クム・フラ愛の言葉

2020年6月5日　初版第1刷発行

著　者　パティ・ケアロハラニ・ライト
訳　者　狩野玲子
発行人　廣瀬和二
発行所　辰巳出版株式会社
160-0022 東京都新宿区新宿2丁目15番14号 辰巳ビル
TEL 03-5360-8064（販売部）　03-5360-8960（編集部）
FAX 03-5360-8951（販売部）
http://www.TG-NET.co.jp

印刷・製本　大日本印刷株式会社

ISBN978-4-7778-2478-6 C0098